くすり教育のヒント

~中学校学習指導要領をふまえて~

編集：くすりの適正使用協議会
監修：社団法人日本薬剤師会・日本学校薬剤師会

薬事日報社

くすり教育への思い

　医薬品についてどのような印象をお持ちですか？
　こう聞かれた人の中には、「危ないもの」、「反社会的なもの」と答える人がいるのではないでしょうか。
　マスコミが医薬品を取り上げるとき、その危険性、つまり副作用の面からが多いこと、公教育で「ダメ。ゼッタイ。」として麻薬、覚せい剤の乱用防止を学ぶこと等と無関係ではないはずと思っています。誤った認識だとは申しませんが、何か釈然としない感じがします。
　医薬品は人の健康、生命を守るために英知を結集し、多大な時間と人手をかけて開発され存在しています。ただ、医薬品には有効性（効き目）と安全性（副作用）が本質的に共存していますから、その使用にあたっては慎重さ、適正さが求められます。
　だからこそ医師、薬剤師など専門家が介在しているのです。
　この認識がなされているか否かは大きな問題だと思います。
　教育の目的のキーワードとして、「人格の形成」、「真理と正義」、「個人の価値」、「心身ともに健康」等を教育基本法から拾い上げることができます。「心身ともに健康」は、医薬品と関係しています。
　11年も前の話です。全国370万人の小学校高学年生に医薬品適正使用解説小冊子を配布しました。そこで分かったことは医薬品の本質についての教育（くすり教育）がなされていないということでした。これがくすりの適正使用協議会のくすり教育への活動の契機になりました。小学校からくすり教育が取り入れられることを目標に掲げたのです。
　今日、目標まで十分には達していませんが、平成24年度から中学校義務教育にくすり教育が実現しました。もちろん、我々協議会だけの力とは思っていませんが、こんなこともありました。
　平成18年4月、薬事法一部改正に関する国会委員会での審議の際、「適正使用を一般人に普及・啓発することは大切。それも小児のときからくすり教育を通して」と参考人意見陳述をしたことです。

人の一生を通して医薬品のお世話にならない人はいないはずです。薬物治療には、おのれを知り相手を知ることが大切です。「おのれ」とは「自分の病気」であり、「相手」とは「医薬品」です。

　もう一つ。「三つ子の魂百まで」です。もちろん、「魂」とは「くすり教育」です。医薬品の本質を知り、適正に用いるという「医薬品リテラシー」はくすり教育が基本であり、出発点ではないでしょうか。

平成24年3月

くすりの適正使用協議会
理事長　海老原　格

監修にあたって

　学校を取り巻く環境の変化は、その性格上、時々の社会情勢に影響されることが多いといえます。
　そういった中、近年、学校内における事件・事故が多発、社会問題となり、学校教育現場におけるキーワードとして「安全」という概念の導入が強化された結果、平成21年には学校保健法の一部改正により学校保健安全法への名称変更が行われるなど、さまざまな改訂がなされました。
　時同じくして、一般用医薬品の供給のあり方を中心に「医療安全」というキーワードのもと、平成18年に薬事法が50年ぶりに大改正されました。
　その議論の過程で、学校教育時からの医薬品の適正使用のための教育の必要性が論じられる一方、薬物乱用と称される大麻等違法薬物の初期使用年齢の低年齢化、しかもそれが中学生という義務教育課程にまで及んでいる実態は、学校における医薬品関連教育への関心を高めることとなりました。
　以上のような社会的要因が重なり合い、平成20年3月の中学校学習指導要領の改訂では、保健体育科における保健分野にて、セルフメディケーションの1ツールとして医薬品の正しい使い方等の学習内容が、中学校3学年を中心に追加されました。
　そして、平成24年4月より中学校においてまず全面実施され、平成25年5月からは、高等学校でも年次進行で実施されることとなっています。
　本書は以上のような背景の下、指導する側の保健体育科教諭や、養護教諭等の教員、学校とは深い関わりのある学校薬剤師へ向けたものであり、有効に活用することで、社会からのさまざまな要請に応えていくばかりでなく、生徒に対しても、医薬品の正しい知識の習得と適正使用の考え方を意識してもらう一助になると考えます。
　最後に、本書に関わられましたすべての皆様に心から感謝を申し上げます。

平成24年3月

社団法人日本薬剤師会
会長　児玉　孝

はじめに

「頭が痛いの？ じゃあ、私のくすりをあげる」
このような会話が、生徒同士の中で意外と頻繁に行われていることをご存知でしょうか？

くすりの適正使用協議会が平成20年から平成23年にかけて行った調査によれば、「自分の判断でくすりをのむ」と回答した小学生は約15％、中学生では30％近くにのぼります。また、約40％が「くすりをお茶やジュースでのむ」など、正しい知識を持たずに自分の判断でくすりを使用している実態が明らかとなりました。

では、保護者はどうでしょうか？子どもの服用には気を使っても、自分自身は家族に処方されたくすりの余りをのんだり、水やぬるま湯以外でのんだりするなど、やはり誤った使い方をしている実態が調査から分かりました。

これまで、家庭や学校できちんと教育を受ける機会が十分でなかったため、保護者から子どもへと、誤った使い方が伝えられるおそれのある「くすり」。

くすりが適正に服用されるために、通常、医師や薬剤師を通じて患者さんに指導が行われています。しかし、実際に家庭などで、くすりをどのように服用するのかは患者さん自身の判断に委ねられる部分もあります。

そこで、くすりの適正使用協議会では、子どもがくすりの基礎知識を正しく学べるよう、平成14年より「くすり教育」に取り組む教師の皆さんへの支援活動を開始しました。そして、教育プログラムやスライド、模型をはじめとする教材を開発し、教師向け研修などを通じて現場支援を続けています。

平成20年3月に告示された中学校新学習指導要領に医薬品が位置づけられた背景には、「親になるための準備の教育」という観点が考慮されたといわれています。子ども・保護者ともに必ずしも正しくくすりを使用していない現状を鑑み、将来的に国民全員がセルフメディケーションを適切に実践できるよう、国家として新たな枠組みを定めたといえるでしょう。

くすりの適正使用協議会では、この新たな取組みを支える先生方、特にくすり教育に携わる薬剤師の方々に向けて、これまで実施してきた活動に基づく情

報を一冊にまとめました。
　学校におけるくすり教育のサポートに際し、本書が薬剤師の先生方の参考になれば幸いです。

　平成24年3月

くすりの適正使用協議会　啓発委員会
委員長　石橋　慶太

目次

はじめに

【背景編】くすり教育を取り巻く背景 ………………………………… 1

1 セルフメディケーションと改正薬事法、学習指導要領 …………… 2
2 学習指導要領における「くすり」………………………………………… 5
　（1）学習指導要領のイメージ …………………………………………… 5
　（2）学習指導要領における具体的な内容 …………………………… 6
3 より良いくすり教育を進めるために ………………………………… 9
　　くすり教育における関係者との連携 ………………………………… 9

【実践編】くすり教育の実践 ……………………………………………… 11

1 くすりの正しいのみ方の原則
　～コップ1杯の水でそのままのむを理解できるようにする～ …… 13
2 くすりの使用法が定められている理由
　～くすりの効き方を理解し、使用回数・使用時間・使用量などの使用法が定められている理由を理解できるようにする（中学校学習指導要領該当部分）～ ……………………………………………………… 21

【現場編】これまでに行われたくすり教育の実施レポート ……… 29

1 保健学習 ………………………………………………………………………… 31
　（1）養護教諭の単独指導の例 …………………………………………… 31
　　　「くすり教育」と生徒の現況～養護教諭が行う授業実践～
　　　　前 埼玉大学教育学部附属中学校　養護教諭　宮川 厚子先生
　　　　（現 さいたま市立浦和別所小学校　養護教諭）

（2）保健体育教諭の単独指導の例 ………………………………… 37
　　　中学校保健体育教諭による医薬品についての学習
　　　　筑波大学附属中学校　保健体育科教諭　小山　浩先生
　（3）保健体育教諭＋学校薬剤師のティームティーチングの例 ……… 42
　　　学校薬剤師から見た医薬品の保健学習
　　　　京都市学校薬剤師会／京都市立月輪中学校
　　　　学校薬剤師　川崎　健太郎先生

2　保健指導 ……………………………………………………………… 47
　（1）養護教諭＋学校薬剤師のティームティーチングの例 …………… 47
　　　学校薬剤師と連携して行う「くすり教育」～薬学講座の一講座として～
　　　　静岡県裾野市立須山中学校　養護教諭　柏木　真貴子先生
　（2）養護教諭等＋学校薬剤師のティームティーチングの例 ………… 55
　　　小平市の「お薬教育」のあゆみ
　　　～薬が正しく安全に使われる社会を目指して～
　　　　小平市薬剤師会理事／小平市学校薬剤師会会長　福田　早苗先生

【実態編】くすりに対する意識・疑問の実態 ……………………… 63

1　子ども（小中学生） …………………………………………………… 64
　（1）子どもたちのくすりに対する意識と使用実態 …………………… 64
　（2）くすり教育を受けた子どもたちの疑問集 ………………………… 66

2　保護者 ………………………………………………………………… 70
　　　保護者のくすりに対する意識 ………………………………………… 70

3　養護教諭・保健体育教諭 …………………………………………… 74
　（1）くすりに関する困った経験・指導事例集 ………………………… 74
　（2）養護教諭・保健体育教諭が知りたいくすりの疑問と回答の一例 … 77

4　学校薬剤師 …………………………………………………………… 83
　　　くすり教育に関する薬剤師の疑問 …………………………………… 83

【教材・資料編】くすり教育の教材・資料 ……………………………… 85
 1 模型・マグネパネル ……………………………………………… 86
 2 電子教材 …………………………………………………………… 91
 3 教材の入手・貸出 ………………………………………………… 95

参考図書・webサイトの紹介 ……………………………………………… 97
参考・引用文献 ………………………………………………………………… 98
あとがき ………………………………………………………………………… 99

くすりの適正使用協議会とは ……………………………………………… 101

【背景編】
くすり教育を取り巻く背景

　背景編では、中学校学習指導要領に医薬品が取り上げられ、高等学校学習指導要領が改訂されたその社会的背景と行政の動向について解説します。また、実際の学習指導要領の内容を紹介します。

1　セルフメディケーションと改正薬事法、学習指導要領

2　学習指導要領における「くすり」
　（1）学習指導要領のイメージ
　（2）学習指導要領における具体的な内容

3　より良いくすり教育を進めるために
　　くすり教育における関係者との連携

1　セルフメディケーションと改正薬事法、学習指導要領

くすり教育が必要となってきた背景はどのようなものでしょうか。

それは、近年の世界的な医療費増大や、人々の健康意識の向上を背景として、平成12年、世界保健機関（WHO）が「セルフメディケーション」を「自分自身の健康に責任をもち、軽度な身体の不調は自分で手当てすること」と定義・推奨し、医薬品の使用についてのガイドライン*1を示したことに端を発します。

セルフメディケーションを行うためには、自分の判断で購入する薬が安全・安心に選んで使える必要があり、また「自分で手当てする」ための知識がなければ、適切に判断して対応することができません。

そこで、厚生労働省が一般用医薬品の販売制度について、文部科学省が医薬品の教育について検討を開始しました**（図表1）**。

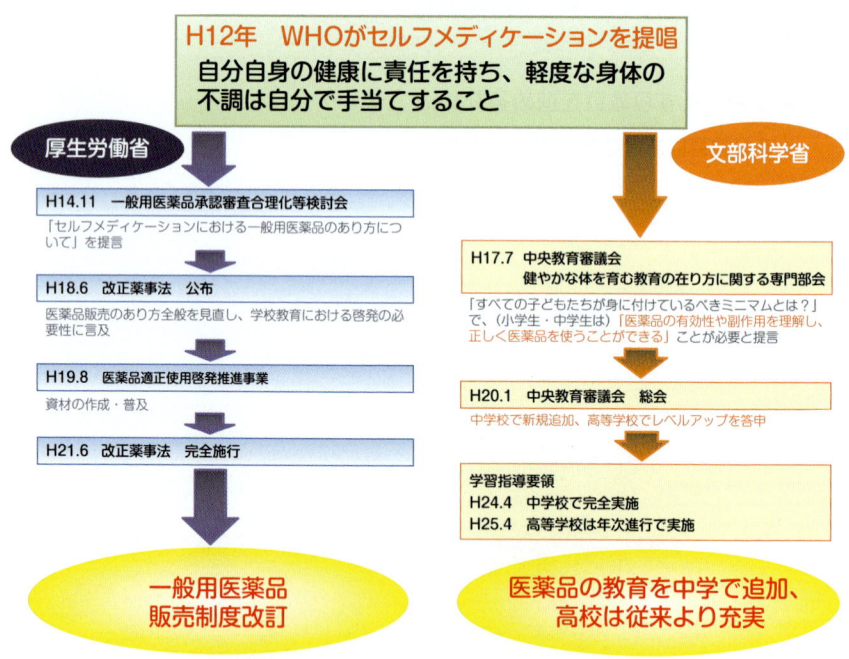

図表1　くすり教育の背景と流れ

まず、厚生労働省は国民がセルフメディケーションを行ううえで一般用医薬品がどうあるべきかを、一般用医薬品承認審査合理化等検討会で検討し、中間報告書「セルフメディケーションにおける一般用医薬品のあり方について～求められ、信頼され、安心して使用できる一般用医薬品であるために～」[*2]として提言しました。

　平成18年6月には、改正薬事法が公布されましたが[*3]、参議院厚生労働委員会はその採決に際し、「新たな一般用医薬品の販売制度について、十分な周知を図るとともに、医薬品を使用する消費者が医薬品の特性等を十分に理解し、適正に使用することができるよう、知識の普及や啓発のための施策の充実を図ること。また、学校教育においても医薬品の適正使用に関する知識の普及や啓発に努めること」[*4]とし、医薬品に関する教育が必要であるとの考えを示しました。

　そして平成21年6月、一般用医薬品のリスク分類などを盛り込んだ、一般用医薬品の新たな販売制度がスタートしたのです。

　つまり、**図表2**で示したように、第2類医薬品や第3類医薬品に分類される医薬品の場合、コンビニエンスストアでも購入できる場合もあるなど、子どもを含めた国民が、今まで以上に医薬品を簡単に入手できるような環境が整えられたわけです。

	第1類医薬品	第2類医薬品	第3類医薬品
どんな薬？	H2ブロッカー含有薬、一部の毛髪用薬等	主なかぜ薬、解熱鎮痛薬、胃腸鎮痛鎮けい薬等	ビタミンB・C含有保健薬、主な整腸薬、消化薬等
薬の強さや安全の度合い	特に注意が必要！ ←	→	比較的安全
どうやって買う？	カウンターの奥などに置かれていて、薬剤師から説明を聞いてから買う	カウンターの奥以外にも置かれ、直接手にとって買うことができる	
売る人は？	薬剤師	薬剤師・登録販売者	

図表2　改正薬事法に基づく一般用医薬品の分類

一方、文部科学省はWHOのガイドラインを受けて、平成17年7月、中央教育審議会「健やかな体を育む教育の在り方に関する専門部会」の報告書「すべての子どもたちが身に付けているべきミニマムとは？」[*5]の中で、小中学生が身に付けるべきものの一つとして「医薬品の有効性や副作用を理解し、正しく医薬品を使うことができる」ことを提言しました。これにより、今回の学習指導要領において、医薬品に関する内容の充実に向けた改訂につながりました。
　すなわち、中学校に医薬品の教育が追加され、高等学校では、従来の内容からさらに高度な内容へと充実が図られたのです。
　なお、学習指導要領に基づく医薬品の教育実施スケジュールは**図表3**のとおりであり、中学校では平成24年度から全面実施、高等学校では平成25年度から年次進行[*]で実施されます。

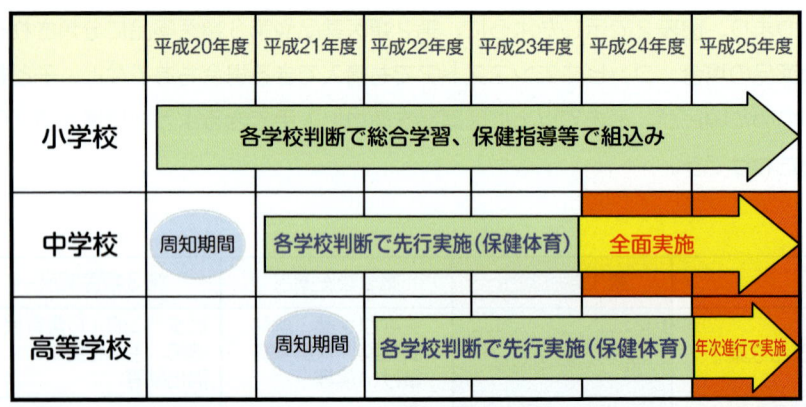

図表3　学習指導要領に基づく、保健学習等における医薬品の教育実施スケジュール（文部科学省「新学習指導要領実施スケジュール（概要）」に基づき作成）

---

[*]年次進行：高等学校では、平成25年4月1日の入学生から段階的に適用することになっています。

2　学習指導要領における「くすり」

(1) 学習指導要領のイメージ

　学習指導要領とは、文部科学省が告示する教育課程の基準とされ、小・中・高等学校など各学校で行われる教科等の指導内容について、学校教育法施行規則の規定を根拠に定めたものです。およそ10年ごとに見直しが行われ、学習指導要領の本文とともに、その詳細な内容について文部科学省より「解説」が発行されています。各学校はこの内容に基づき、教科書などを用いて子どもたちに教育を行います。

　では、学習指導要領では医薬品についてどのような内容が記載されたのでしょうか。

　まず、医薬品が扱われる教科「保健体育」においては、子どもたちの発達段階によって、次のような事項を学ぶよう体系化が図られました。

> 小学校：身近な生活における基礎的な内容を実践的に
> 中学校：個人生活における内容をより科学的に
> 高等学校：個人および社会生活における内容をより総合的に

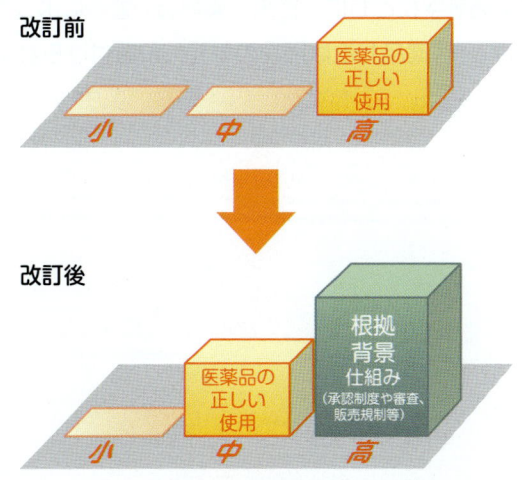

図表4　学習指導要領改訂前後における医薬品の教育

こうした流れをふまえ、学習指導要領では医薬品について、これまで高等学校で取り上げられていた「医薬品の正しい使用」に関する内容の多くが中学校に移行し、高等学校ではより総合的に「医薬品の承認制度や審査、販売規制や予期せぬ副作用」など、社会的な側面を学ぶことになりました（図表４）。

（２）学習指導要領における具体的な内容

　中学校と高等学校における、医薬品に関する内容の位置づけとその内容を図表5-1（中学校）、図表5-2（高等学校）に示しました。

　中学校では、単元「健康な生活と疾病の予防」の中の「オ　保健・医療機関や医薬品の有効活用」の中に、これまで高等学校で教えられていた医薬品の正しい使い方に関する内容が記載されました。

　高等学校では、従来医薬品が記載されていた単元「現代社会と健康」ではなく、異なる単元「生涯を通じる健康」の中の「イ　保健・医療制度及び地域の保健・医療機関」の中に位置づけられ、より充実した内容、つまり、医療用医薬品と一般用医薬品、承認制度による有効性や安全性の審査などが記載されました。この教科保健（保健体育分野）における指導者の中心は、保健体育教諭または兼職発令を受けた養護教諭となっています。

　なお、中学校・高等学校ともに、従来、薬剤師や警察によって指導されている「薬物乱用」は、「医薬品」とは別々の単元に位置付けられることになりました。

中学校

●学習指導要領での医薬品の位置付け

単元　健康な生活と疾病の予防

ア　健康の成り立ちと疾病の発生要因	・健康の成り立ち ・主体と環境の要因のかかわりによって起こる疾病
イ　生活行動・生活習慣と健康	・食事、運動、休養及び睡眠の調和のとれた生活の継続 ・生活習慣の乱れと生活習慣病などとのつながり
ウ　喫煙、飲酒、薬物乱用と健康	・心身への様々な影響 ・健康を損なう原因 ・個人の心理状態や人間関係、社会環境などの要因に対する適切な対処
エ　感染症の予防	・病原体が主な原因となって発生する感染症 ・発生源、感染経路、主体への対策による感染症の予防
オ　保健・医療機関や医薬品の有効利用	・健康の保持増進や疾病予防の役割を担っている保健・医療機関とその利用 ・**医薬品の正しい使用**
カ　個人の健康を守る社会の取組	・個人の健康と社会的な取組とのかかわり

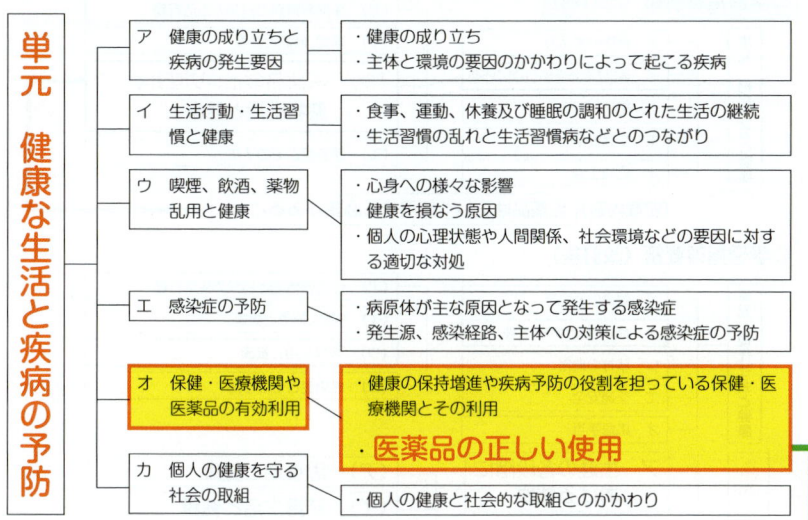

●学習指導要領　記載内容

保健体育科（保健分野）
(4)「健康な生活と疾病の予防」
「オ　保健・医療機関や医薬品の有効利用」

健康の保持増進や疾病の予防には、保健・医療機関を有効に利用することがあること。また、**医薬品は、正しく使用すること。**

（解説）

また、医薬品には、**主作用と副作用**があることを理解できるようにする。医薬品には、**使用回数、使用時間、使用量**などの**使用法があり、正しく使用する必要があることについて理解できるようにする。**

図表5-1　学習指導要領および解説における、医薬品の位置付けと内容（中学校）[*6]

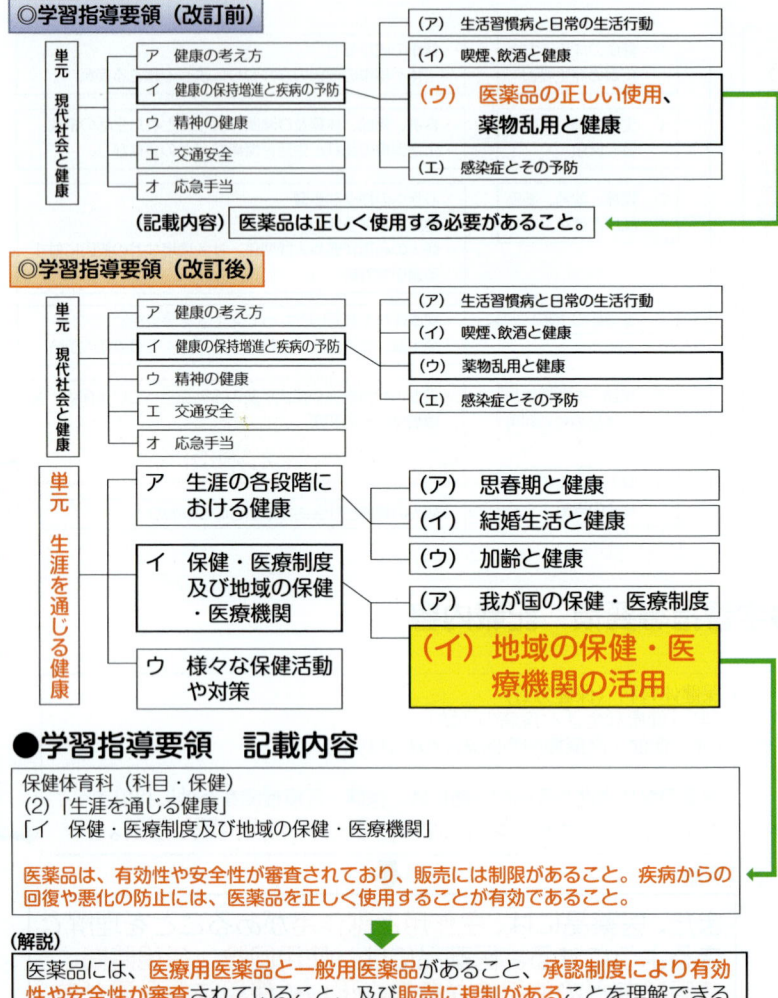

図表5-2　学習指導要領および解説における、医薬品の位置付けと内容（高等学校）[*6]

3 より良いくすり教育を進めるために

くすり教育における関係者との連携

これまで述べてきた学習指導要領で取り扱われる医薬品の教育において、薬剤師は今後どのように関与していくのでしょうか。

「保健学習」で実施主体者となる保健体育教諭は、授業を進めるプロである一方、医薬品については教材面・知識面において強い不安を感じています。

また、薬剤師は学校にとって最も身近な薬の専門家であり、専門的知識のアドバイスや、時には授業支援者として教師とティームティーチング（Team Teaching：T.T.）を行うなど、サポーターとして力を発揮することができる立場ですが、保健体育教諭とはなかなか接点がないのが現状です。

そこで、学校内で子供たちの心身を守り、学校環境衛生に関する活動のなかで薬剤師と、また校内で保健体育教諭とコンタクトのある養護教諭がコーディネーターとなることが期待されます。

このことは、中央教育審議会の答申[*7]でも、薬剤師は医薬品の部分においての貢献が、養護教諭は学校内外の連携などでコーディネーター役を務める必要性がうたわれており、サポートの期待が高まりました。

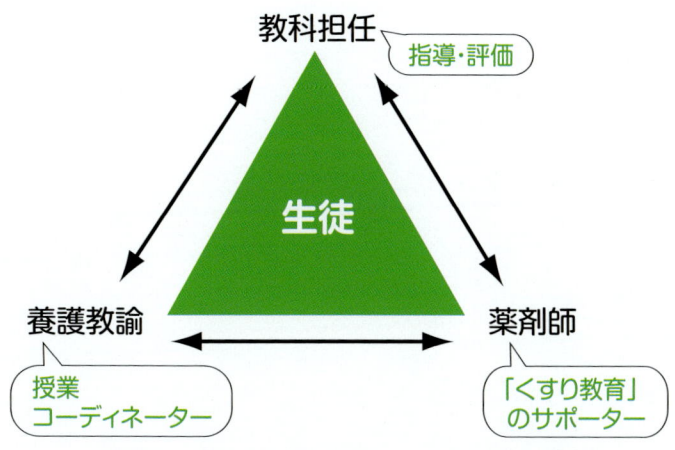

図表6　医薬品の教育における関係者の連携[*8]

図表6にも示しましたが、こうした状況から、東京薬科大学薬学部教授の加藤哲太先生は、学校において医薬品の教育に関わることの多い、保健体育教諭、養護教諭、薬剤師らが有機的に連携し、より魅力的な医薬品の教育を実現していくことを提案しており、くすりの適正使用協議会も強く支持しています。

　このように、薬剤師は今後、学校側の要望に積極的に協力する姿勢が求められています。コーディネーターである養護教諭や関係する教職員に、サポートの申し出や教材提供を積極的に行ってはいかがでしょうか。

　なお、「保健指導」では、学校側と相談のうえ、小学校では中学校の前のステップとしての指導、中学校では「保健学習」と連携しながら、より充実した内容とするなど、積極的に助言や指導を行うことが期待されます。

【実践編】
くすり教育の実践

　授業で実験や視聴覚教材を用いると、子どもたちの理解をより深めることができます。

　実践編では、くすりの適正使用協議会がこれまで実施してきた教師向け研修プログラムの中から、小中学校の授業を想定した実験や教材の使い方について、それぞれのねらいや準備物、説明の一例を紹介します。指導の時間や内容によって自由にアレンジすることができます。

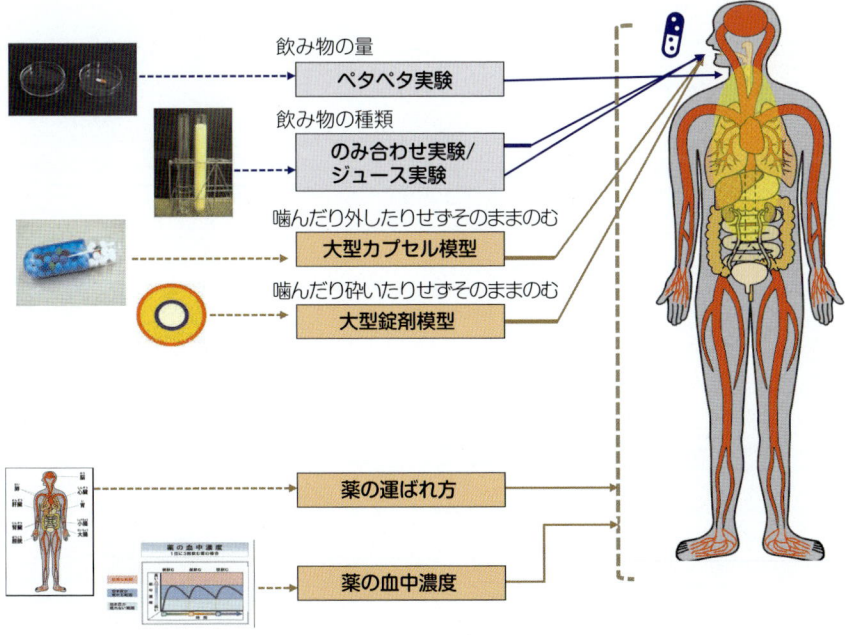

1 くすりの正しいのみ方の原則
　〜コップ１杯の水でそのままのむを理解できるようにする〜
　① ペタペタ実験
　② のみ合わせ実験/ジュース実験
　③ 大型カプセル模型・大型錠剤模型

2 くすりの使用法が定められている理由
　〜くすりの効き方を理解し、使用回数・使用時間・使用量などの使用法が定められている理由を理解できるようにする（中学校学習指導要領該当部分）〜
　　薬の運ばれ方・薬の血中濃度

1 くすりの正しいのみ方の原則
　～コップ1杯の水でそのままのむを理解できるようにする～

① ペタペタ実験（飲み物の量）

　ペタペタ実験は、のみ薬（内用剤）はなぜコップ1杯の量の飲み物でのむのかを理解できるようにする目的で行います。

　パワーポイントを用いた説明の一例を次頁に紹介します＊。

ペタペタ実験	
ねらい	のみ薬は、なぜ、コップ1杯の量の飲み物でのむのかを理解できるようにする。
方法	①　カプセルを湿らせた指で触る。 ②　次にたっぷり濡らした指で触る。 ⇒湿らせた指にはカプセルがくっつき、たっぷり濡らした指にはつかないことを体験することで、薬をのむときには十分な量の飲み物が必要なことを理解できるようにする。
所要時間の目安	5分
準備物/入手方法	・空カプセル（人数分）/市販品、ゼラチンでできたもの ・水の入ったシャーレまたはコップ/理科用品等
コツ	・カプセルは含有水分量が多いとくっつく性質があり、開封時よりも、しばらく室内に置いた後の方がくっつきやすい。最近はくっつかないよう改良されつつある。 ・①で手を湿らせすぎると失敗する。 ・自分の喉がどのような状態かを想像させるのがポイント。

図表1　ペタペタ実験の概要、準備物など

＊ p.14～20で用いたパワーポイントは、p.95に紹介するホームページから無料でダウンロードできます。

パワーポイントを用いた説明の一例

薬はどの位の量の飲み物でのんだら良いのでしょうか？	・薬の正しいのみ方の1つ目です。 ・薬はどのくらいの量の飲み物で飲んだらよいのでしょうか？ 皆さんの中で、薬を少量の飲み物、または飲み物なしでのんだことがある人はいませんか？
実験！　ペタペタ実験 指先を少し湿らせてカプセルに触ってみると…？ 次に、しっかりぬらしてカプセルに触ると……？ 	・では、少ない飲み物で薬をのむとどのようなことが起こるのか実験で確かめてみましょう。 ・みなさんに空のカプセルを配りますので、シャーレの水で指先を少し湿らせてからカプセルを触ってください。 ・カプセルがベタベタして、指先にくっつきましたね。薬が通過する喉や食道は湿っているため、指先で起きたことが喉の中で起きてしまうことがあります。 ・カプセルが喉にくっついて中の薬が溶け出すと、場合によっては炎症を起こすこともあります。 ・では、これを防ぐにはどうしたらよいでしょうか？ ・今度はシャーレの水の中に今のカプセルを落としてからもう一度触ってください。くっつきますか？くっつきませんね。

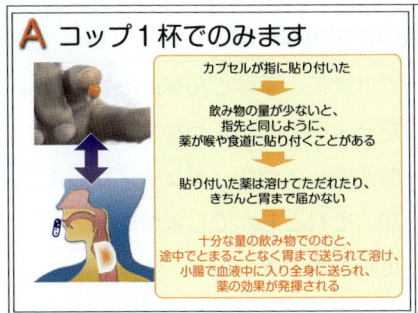

・十分な量の飲み物で薬をのみ込むと、途中で止まることなく胃まで送られ、また、体に吸収されやすい形となり、薬の効果が発揮されます。
・このように「コップ1杯」の十分な量の飲み物で薬をのみましょう。

② のみ合わせ実験/ジュース実験（飲み物の種類）

のみ合わせ実験は、のみ薬（内用剤）はなぜ水かぬるま湯でのむのかを理解できるようにする目的で行います。
パワーポイントを用いた説明の一例を次頁に紹介します。

のみ合わせ実験/ジュース実験	
ねらい	のみ薬（内用剤）は、なぜ、水かぬるま湯でのむのかを理解できるようにする。
方法	① 胃のむかむか・胃もたれ用胃薬の代わりとして重曹を用い、最初に水、次にジュースに加える。 ② 反応の変化を観察する。 ⇒水では反応しないが、アルカリ性の重曹と酸性のジュースが中和反応を起こす。飲み物によっては薬と化学反応を起こすため、薬をのむときには水かぬるま湯でのむ必要があることを理解できるようにする。
所要時間の目安	5分
準備物/入手方法	100％グレープフルーツジュース（50ml程度）/市販品 重曹（ティースプーン1杯）/理科用品、薬局等 対照実験用の水 大きな試験管または透明のコップ/理科用品等
コツ	・ジュースが多すぎたり、重曹が多すぎると液体が溢れるので、必ず事前に予備実験を行い、量を決めておく。 ・リトマス紙を用意しておき、本当に中和したか見せてもよい。

図表2　のみ合わせ実験/ジュース実験の概要、準備物など

パワーポイントを用いた説明の一例

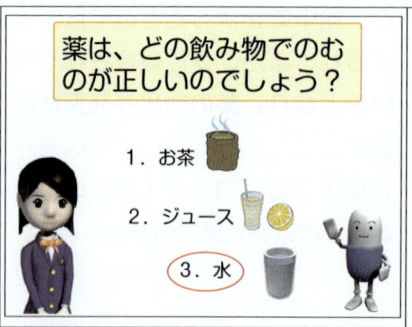

- では次に、薬はどんな飲み物でのんだらよいのでしょうか？
- お茶でしょうか、ジュースでしょうか、それとも水でしょうか？
  正解は水です。

- では実験で確かめてみましょう。
- 皆さんは、胃酸が多く出過ぎて胸焼けした経験はありませんか？
- 胸焼けの際に用いる胃腸薬として、酸を中和する重曹が使われることがあります。
- 今回はこの重曹を薬として、飲み物はジュースと水を用意しました。
- まず水に重曹を入れてみましょう。どうですか？反応はありませんね。
- 次にジュースに入れてみましょう。たくさんの泡が出てきましたね。
- この泡は、アルカリ性の重曹とジュースの酸が反応し中和した結果できた二酸化炭素の泡です。
- 胃液の酸を中和して胸焼けを抑えるための重曹をジュースでのむと、ジュースを先に中和してしまうため、本来の目的を達成することができません。
- このように、ジュースなどで薬をの

	むと、薬の効果に影響を与えることがあります。お茶などの他の飲み物でも反応が起きることがあります。薬と飲み物の組み合わせをそれぞれ覚えるより、反応を起こさない水かぬるま湯でのむようにしましょう。

③ 大型カプセル模型、大型錠剤模型（噛んだり外したり、砕いたりせずにそのままのむ）

　大型カプセル模型、大型錠剤模型は、くすりの形にはそれぞれ意味があり、効果が発揮されるよう工夫されていることを理解できるようにする目的で使用します。

　大型カプセル模型、大型錠剤模型、パワーポイントを用いた説明の一例をp.19に紹介します＊。

＊大型カプセル模型、大型錠剤模型はくすりの適正使用協議会にて無料で貸し出ししています。くわしい使用法はp.86、87を参照してください。

大型カプセル模型	
ねらい	薬の形にはそれぞれ意味があり、効果が発揮されるよう工夫されていることを理解できるようにする。
方法	① カプセルの中の粒には、さまざまな工夫が加えられていることがある。 ② それぞれ、熱・痛みに効いたり、効き方の速度が異なったり、胃で溶けるものと腸で溶けるものが入っている等。 ⇒噛んだり外したりせず、そのままのむことを理解できるようにする。
所要時間の目安	3分
準備物/入手方法	大型カプセル模型

図表3　大型カプセル模型の概要、準備物など

大型錠剤模型	
ねらい	薬の形にはそれぞれ意味があり、効果が発揮されるよう工夫されていることを理解できるようにする。
方法	① 錠剤の中は、何層にも分かれていることがある。 ② 例えば、内側の苦さを感じさせないため、外側に砂糖のコーティングをしたり、外側から胃で溶ける成分、腸で溶ける膜、腸で溶ける成分、の順で作られていることがある。 ⇒噛んだり砕いたりせず、そのままのむことを理解できるようにする。
所要時間の目安	3分
準備物/入手方法	大型錠剤模型

図表4　大型錠剤模型の概要、準備物など

パワーポイント、模型を用いた説明の一例

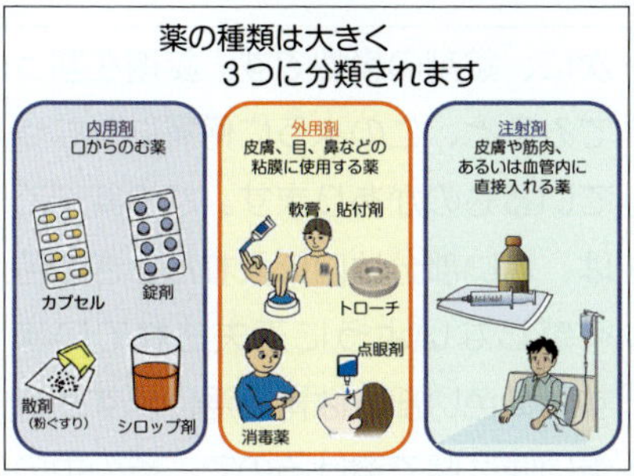

- ここまでの実験で、薬はコップ1杯の十分な量の水かぬるま湯でのむことが望ましいことが分かりました。
- では、どのようにのむかについて学ぶ前に、薬にはいろいろな形があることを説明します。
- 薬には大きく分けて、内用剤、外用剤、注射剤があります。
- まず内用剤は、口からのんで胃や小腸を通ってから効く薬、つまり、消化管を経由する薬です。錠剤、カプセル剤、散剤、シロップ剤などがあります。
- 次に、消化管を経由しない薬が外用剤です。塗り薬やスプレー、点眼薬などは皮膚や粘膜から吸収されます。トローチや坐薬も外用剤です。ほかには薬を直接体内に注入する注射剤があります。
- それぞれ、効果や副作用のことを考えて、形が工夫されています。
- では、内用剤のカプセルと錠剤を例に、どのように工夫されているのか見てみましょう。

- これはカプセル剤の模型です。中にさまざまな色の粒が入っています。
- 粒には、それぞれ働きがあり、例えば「すぐ効く粒・ゆっくり効く粒」

なぜ錠剤やカプセルにしてあるのでしょう カプセルの中のツブツブに、このような工夫を加えることがあるよ  例えば・・・ 　すぐ効くツブ 　ゆっくり効くツブ 　胃で溶けるツブ 　腸で溶けるツブ 　痛みや熱をおさえるツブ	・であったり、「胃で溶ける薬の粒（胃溶）・腸で溶ける薬の粒（腸溶）」であったり、「痛みをとる粒・熱を下げる粒」であったりします。 ・カプセル剤の中には、このように働きが異なる薬の粒が何種類か混ぜてあるものもあるので、外したり噛んだりせずに、そのままのみましょう。
なぜ錠剤やカプセルにしてあるのでしょう 「錠剤」にはこんな仕掛けもあります 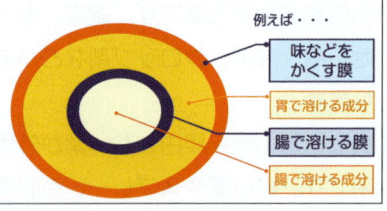 例えば・・・ 　味などをかくす膜 　胃で溶ける成分 　腸で溶ける膜 　腸で溶ける成分	・次に、錠剤の模型です。錠剤を割ってみると、このように何層にもなっているものがあります。この錠剤では、赤い部分は口に入れたときに苦く感じないように工夫されています。黄色い部分は胃で溶けますが、青い膜は腸で溶けるので、その中の白い成分は腸で溶け出します。 ・このように薬は、効果的に効き目を発揮させると同時に、体にとって不用な副作用を最小限に抑えるように工夫されていますので、噛んだり、砕いたりせずそのままのみましょう。

2 くすりの使用法が定められている理由
～くすりの効き方を理解し、使用回数・使用時間・使用量などの使用法が定められている理由を理解できるようにする（中学校学習指導要領該当部分）～

薬の運ばれ方・薬の血中濃度

マグネパネル「薬の運ばれ方」、「薬の血中濃度」は、のみ薬（内用剤）を例に、くすりの効き方を理解し、くすりに使用回数・使用時間・使用量などの使用法が定められている理由を理解できるようにする目的で使用します。また、薬の主作用、副作用の理解につなげることで、中学校の学習指導要領の指導に使用することができます。

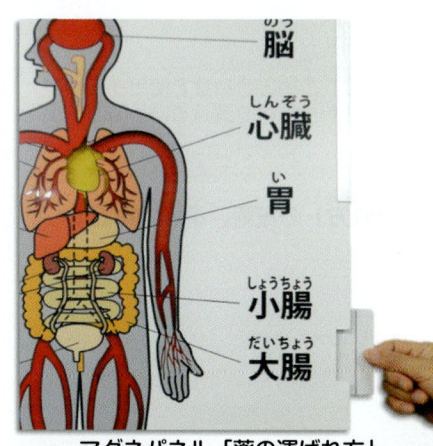

マグネパネル「薬の運ばれ方」

ツマミを引くと心臓や全身の血管の色が変化する（薬がどのように体内を巡るかがわかる）

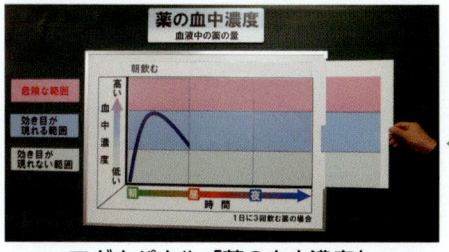

マグネパネル「薬の血中濃度」

シートのツマミを引くと薬の血中濃度のグラフが現れる（正しいのみ方と正しくないのみ方の場合の血中濃度も比較できる）

	マグネパネル「薬の運ばれ方」
ねらい	のみ薬（内用剤）は、血液に入り心臓から全身を巡ることで効き目が現れることを理解できるようにする。 一方で、薬は肝臓で分解され、尿としてまたは大腸から便と一緒に排泄されることを理解できるようにする。
方法	① のみ薬（内用剤）の場合、口からのんだ薬は胃、小腸を経て血液に入り、肝臓を通過して心臓からポンプ作用で全身を巡ることをパネルで確認する。 ② 全身を巡る薬のうち、目的の場所に届いたものが効き目を現す。 ③ 一方で、薬は肝臓で行われる「代謝」の働きにより無害なものに分解され、腎臓の働きで尿として、または大腸から便とともに排泄されることを示す。
所要時間の目安	5分
準備物/入手方法	マグネパネル「薬の運ばれ方」
コツ	・マグネパネル「薬の血中濃度」と組み合わせて使用する。 ・食べ物の体内動態は小学校4年生理科で習っているので、復習も兼ねて解説する。

図表5　マグネパネル「薬の運ばれ方」の概要、準備物など

マグネパネル「薬の血中濃度」	
ねらい	薬の効き目の現れ方は、血液中の薬の量によって決まることを理解できるようにする。 なぜ薬には使用回数・使用時間・使用量が決められているかを理解できるようにする。 正しくないのみ方では、副作用が出る場合があることを理解できるようにする。
方法	① 1日3回のむ薬を例とすると、朝のんだ薬が小腸から吸収され血液中に入ると、薬の血中濃度は「危険な範囲」でなく、「効き目が現れない範囲」でもない、安全に効果を発揮する「効き目が現れる範囲」となるが、代謝・排泄により徐々に低くなっていく。 ② 決められた通りに昼の薬、夜の薬をのむことで、血中濃度が「効き目の現れる範囲」に保たれる。 ③ 忘れたからといって2回分のむと「危険な範囲」となり、副作用が出る可能性がある。 ⇒それぞれの薬で決められた使用回数・使用時間・使用量を守る必要がある。
所要時間の目安	5分
準備物/入手方法	マグネパネル「薬の血中濃度」
コツ	・マグネパネル「薬の運ばれ方」と組み合わせて使用する。

図表6　マグネパネル「薬の血中濃度」の概要、準備物など

　マグネパネル「薬の運ばれ方」、「薬の血中濃度」を用いた説明の一例を次頁に紹介します*。

---

*マグネパネルはくすりの適正使用協議会にて無料で貸し出ししています。くわしい使用法はp.89、90を参照してください。

マグネパネルを用いた説明の一例（薬の運ばれ方）

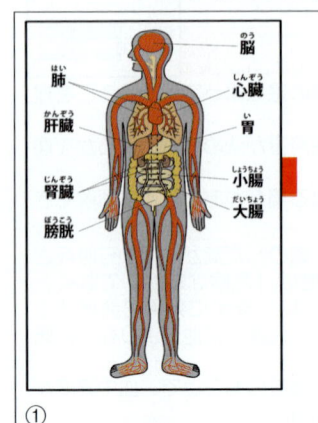

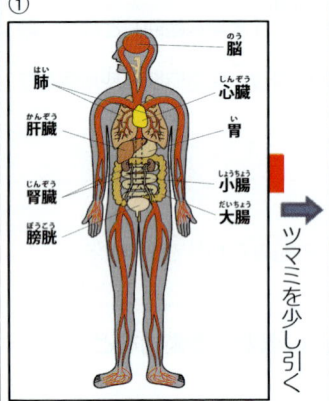

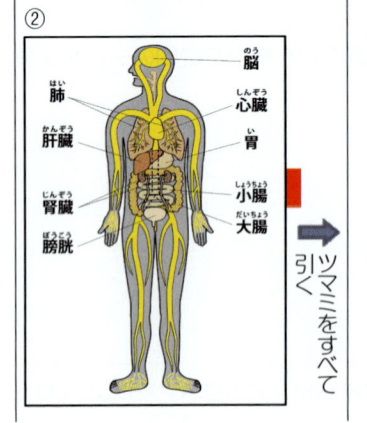

（①　ツマミを少し引く）
（②　ツマミをすべて引く）

・A君は、朝、目を覚ましたら頭が痛かったので保護者から渡された1日3回のむ頭痛薬をのみました。しばらくすると痛みがとれたので、登校しました。さて、朝のんだ薬は、体の中でどのように効き目を現したのでしょうか。一緒に考えてみましょう。
・朝のんだ薬は、口から食道を通って胃や腸で溶け、主に小腸で体の中に取り込まれ、血液の中に入ります。
・さて、小腸で取り込まれ、血液に入った薬は、最初にどこに運ばれるのでしょうか？
・そうです、肝臓です。肝臓に運ばれた薬は、次に、どこに行くと思いますか？考えてみましょう。
・そうです、肝臓から心臓に運ばれます（①）。
・そして、心臓のポンプの力で、頭のてっぺんから足の爪先まで血液と一緒に全身を巡り、薬は頭の痛い所にも運ばれ、効き目を現わしたのです（②）。
・ここで皆さんに質問です。血液の中に入った薬が、心臓の力で体の中をグルグルと巡ることは理解できましたね。それでは、全身を巡っている薬はずっと体内に留まっているのでしょうか？
・もともと人の体には、薬を分解し、身体の外へ追い出そうとする機能が備わっています。
・この働きは、主に肝臓で行われ、肝臓で分

実践編

解された後、腎臓の働きにより尿として、大腸からは便として体外へ追い出されます。
・では、血液中に溶けている薬が、肝臓で分解され、そして腎臓などから排泄されると、血液中の薬の量はどうなるでしょうか？
・そうですね、血液中の薬の量は時間とともに減っていきます。
・ここまでで、薬が効き目を現すには、血液中に薬が取り込まれて全身を巡る必要があることが分かりました。
・しかし、薬が効き目を現すにはもう１つ大切なことがあります。
・では次のパネルで説明します。

マグネパネルを用いた説明の一例（薬の血中濃度）

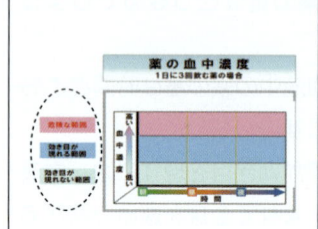

① ※1シート目のツマミを引く

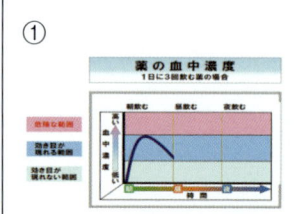

- 薬が効き目を現すのに大切なもう1つのこと、それは「血液中に溶けている薬の量」です。血液中に入った薬の量のことを、薬の「血中濃度」といいます。血中濃度によって薬の効き目の現れ方が決まります。
- では、先程A君がのんだ頭痛薬で考えていきます。どうしてこの頭痛薬は、1日3回と決められた時間に決められた量だけのむ必要があるのでしょうか。「薬の血中濃度」のパネルで考えてみましょう。
- 縦軸は、薬の血中濃度の高低を表します。赤い部分は薬の量が多すぎて危険な範囲、青い部分は薬の量がちょうど良く、効き目が安全に現れる範囲、白い部分は薬の量が少な過ぎて効き目が現れない範囲です。
- 横軸は、朝・昼・夜といった時間の経過を表します。
- 朝、薬をのみました。薬は、胃や小腸で溶けて小腸から吸収され血液中に入り、「効き目が現れる範囲」（青い部分）に入っていきます。薬の効果で頭痛もよくなり始めました（①）。
- 昼に近づいて、血中濃度が「効き目が現れない範囲」（白い部分）に近づいてきました。
- ここで質問です。どうして、くすりの血中濃度が低くなってきたのでしょうか？
- ヒントです。先ほど「薬の運ばれ方」のパネルで説明したことを思い出してください。
- そうです。薬は効果を発揮すると同時に肝臓

②

③

④

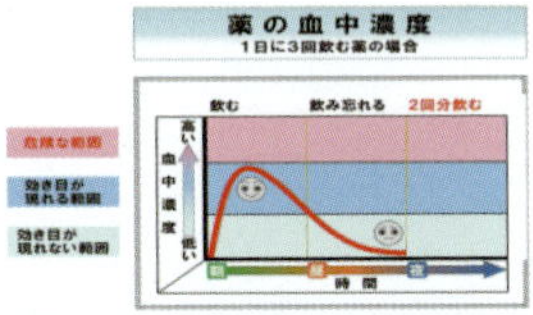

※2シート目のツマミを引く

⑤

⑥

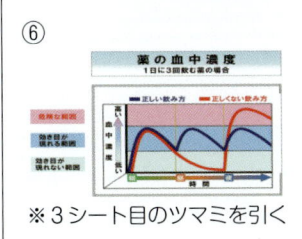

※3シート目のツマミを引く

で代謝され、腎臓の働きで尿として排泄された結果、血液中の薬の量が減ってきたからです。
・そこで、昼、再び薬をのみます（②）。すると、またちょうど良い血中濃度で薬が巡ります。
・そして今度は夜の薬をのみます（③）。 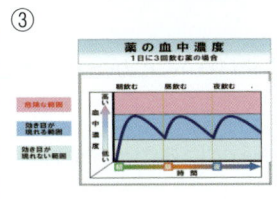
・薬によって使用回数、使用時間、使用量が決められているのは、このように血中濃度を「効き目が現れる範囲」に保つためなので、薬を使用する時は、決められた事項を正しく守ることが大切です。
・では、昼にのむのを忘れてしまい、夜に昼の分とあわせて2回分のむとどうなるでしょうか？
・グラフの赤い線で説明します。昼にのみ忘れたために薬の血中濃度が効果のない範囲まで低くなっています（④）。
・そこで夜に2回分のむと、血液中に一気に多量の薬が巡り、血中濃度が危険な範囲になってしまいました（⑤）。
・すると、めまいや吐き気などの副作用が出る場合があり危険です。薬は決められた使用回数、使用時間、使用量を守って使用することが大切です（⑥）。
・このようにのみ忘れたからといって一度に2回分をのまないでください。
・また、効果を期待して勝手に使用量を増やしたり、のむ間隔を短くしてはいけません。

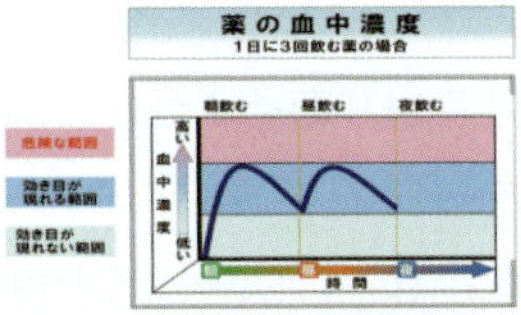

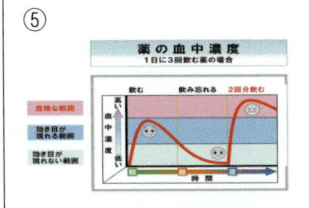

実践編

※実験や視聴覚教材を用いた指導の効果について

＜子どもからの感想例＞

・カプセルの薬がとても面白かったです。ちゃんと効き目があるように、溶ける時間を調整しているなんてすごいなと思いました。
・薬をそのままのんだり、ジュースでのんではいけないなど、いろいろと役に立ちそうだと思いました。
・薬をのみ忘れたら、次にのむ時に2回分のんではいけないことが分かりました。
・薬の運ばれ方が面白かったです。具体的にどこを通っているのかが分かりやすかったです。
・薬ののみ方にもきちんとした方法があり、のむ薬にあった一番よく効く使い方をしたいと思いました。きちんと決められた時間にのむことも大切だと分かりました。

＜教師からの感想例＞

・小学生には視覚的に訴える教材が必要だと感じていました。とてもよい形で実施できたと思います。
・錠剤を割った形はとても参考になった。人体の模型は見たことがなく、生徒は喜んでさわっていました。
・実験例がよかった。生徒に「お茶に薬を加えると」、「ペタペタ実験」をしてもらったところ、大変喜ばれました。

【現場編】
これまでに行われたくすり教育の実施レポート

　現場編では、これまでに薬剤師、養護教諭、保健体育教諭により中学校を中心に行われたくすり教育の実施レポートを紹介します。
　全国の取り組みのごく一部ではありますが、市を挙げて行われた薬学講座や、学習指導要領の先行実施例、養護教諭や保健体育教諭と学校薬剤師のティームティーチング（T.T.）の事例など、さまざまなパターンがあります。

1　保健学習
　（1）養護教諭の単独指導の例
　　「くすり教育」と生徒の現況～養護教諭が行う授業実践～
　　　前　埼玉大学教育学部附属中学校　養護教諭
　　　宮川　厚子先生（現　さいたま市立浦和別所小学校　養護教諭）
　（2）保健体育教諭の単独指導の例
　　中学校保健体育教諭による医薬品についての学習
　　　筑波大学附属中学校　保健体育科教諭　小山　浩先生
　（3）保健体育教諭＋学校薬剤師のティームティーチングの例
　　学校薬剤師から見た医薬品の保健学習
　　　京都市学校薬剤師会／京都市立月輪中学校　学校薬剤師　川崎　健太郎先生

2 保健指導
　（1）養護教諭+学校薬剤師のティームティーチングの例
　　　学校薬剤師と連携して行う「くすり教育」～薬学講座の一講座として～
　　　静岡県裾野市立須山中学校　養護教諭　柏木　真貴子先生
　（2）養護教諭等+学校薬剤師のティームティーチングの例
　　　小平市の「お薬教育」のあゆみ
　　　～薬が正しく安全に使われる社会を目指して～
　　　小平市薬剤師会理事／小平市学校薬剤師会会長　福田　早苗先生

1　保健学習

（1）養護教諭の単独指導の例

「くすり教育」と生徒の現況～養護教諭が行う授業実践～

前 埼玉大学教育学部附属中学校　養護教諭
宮川　厚子先生（現 さいたま市立浦和別所小学校　養護教諭）

はじめに

　平成20年３月、文部科学省の告示により、中学校学習指導要領、保健体育の保健分野において、「医薬品の正しい使い方」の指導が新たに加わり、平成24年度から全面施行されることとなった。これを受けて、移行期間中「くすりの授業」の実践を試みた。以下は埼玉大学教育学部附属中学校での実践の内容である。

１）生徒の現況と意識調査

　朝から熱があっても、「くすりをのめば治る」と安易にくすりに頼り、無理をして登校したり、病院の処方薬をのみ忘れ、置き忘れしている生徒の姿を見かけたりすることがある。また、コンビニエンスストアやスーパーなどで一般用医薬品、ドリンク剤、サプリメントなどが簡単に購入できる環境にあり、子どもの判断に委ねられているのが現況である。授業実践にあたり、このような生徒の日常の様子や生徒を取り巻く生活環境のなかで、「くすり」についてどのような意識をもっているかを把握するため、３年生を対象に調査を行った。

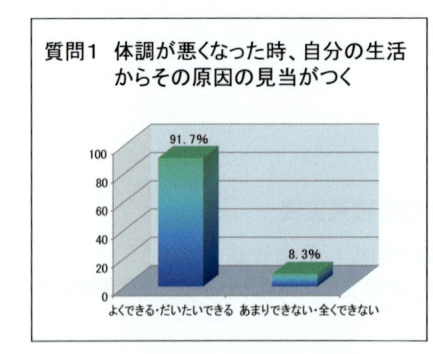

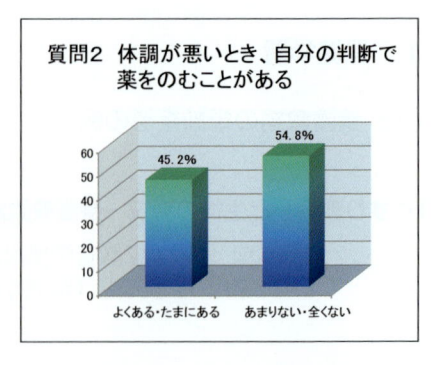

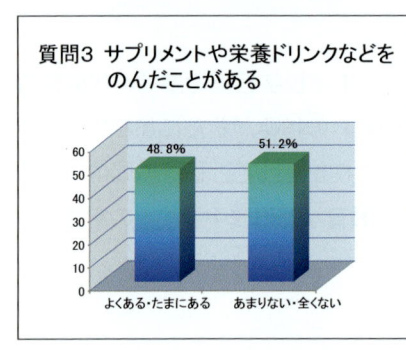

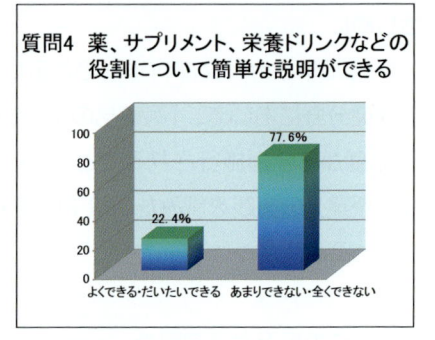

質問1 体調が悪くなった時、自分の生活からその原因の見当がつく
- よくできる・だいたいできる: 91.7%
- あまりできない・全くできない: 8.3%

質問2 体調が悪いとき、自分の判断で薬をのむことがある
- よくある・たまにある: 45.2%
- あまりない・全くない: 54.8%

質問3 サプリメントや栄養ドリンクなどをのんだことがある
- よくある・たまにある: 48.8%
- あまりない・全くない: 51.2%

質問4 薬、サプリメント、栄養ドリンクなどの役割について簡単な説明ができる
- よくできる・だいたいできる: 22.4%
- あまりできない・全くできない: 77.6%

生徒の現況と意識調査

　この結果、上図の質問1～4の回答から、「自分の身体の状態をある程度は分かっているものの、くすりなどを使うとき、本当に自分に必要なものなのか、また、そのくすりが自分に合っているものなのかを判断していくための知識の育成が必要である」ことが明らかになった。

2）授業の実践内容

　授業では、「自然治癒力の存在」を導入部分に据え、予防・治療などのための手段として「くすり」があるところから展開させる。生徒がふだん家庭で使い慣れている一般用医薬品の説明書（内服薬の添付文書）を教材に使い、3年生を対象に2時間の授業を試みた。

- ◆ 1時間目のねらい
  - ・セルフメディケーションの行動理念を中心として展開する。
  - ・「自然治癒力」と「くすりの役割」について理解させ、一般用医薬品の説明書の情報を読み解く活動。
- ◆ 2時間目のねらい
  - ・くすりの説明書をとおして、くすりを使うときの「一定のきまりとその理由を具体的に考えること。
  - ・身体のメカニズムと同調した「くすりの正しい使い方」について理解すること。

2時間目の授業内容は以下のとおりである。
① 説明書共通のピクトグラムで「一定のきまり」を探す活動
※共通のピクトグラム
・使用上の注意(してはいけないこと、相談すること)
・用法・用量

ピクトグラムを示し「一定のきまり」はどのような事か、それは「なぜ？予想しよう」を発問した。

② 「一定のきまり」を５つに分類し、その理由を具体的に考える活動
　　・効き目発揮
　　・副作用防止
　　・体調の悪化防止
　　・アレルギー防止
　　・事故防止
③ 科学的な根拠から「正しい使い方」を導くために、血中濃度とくすりの効き目との関係を説明
④ くすりを服用するタイミングについて（「食前」、「食後」、「食間」）問いかけながら説明
⑤ 「正しい飲み方」を理解させるためのカプセル吸着実験

カプセルの吸着実験風景。吸着させた後、水中で揺らしても簡単に落ちない。吸着力の強さを感じる。

⑥ 副作用や事故を防止するためには保護者、薬剤師などへの相談が大事であることの説明

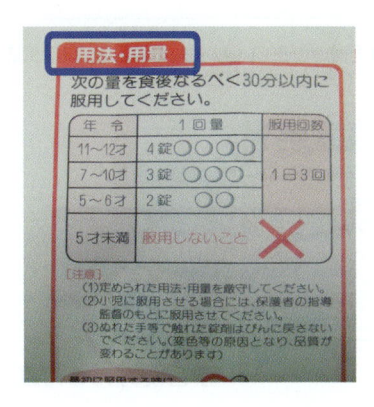

どの一般用医薬品の説明書にも共通したピクトグラムがある。また、表面に「使用上の注意」、裏面に「用法・用量」が掲載されていることも共通しており、提供する側の思いがあることも確認した。

3）成果と課題
　授業後の生徒の感想は、「くすりは決められた時間に決められた量をのまなければならないのはなぜかを改めて考え、理解することができた」と書かれたものが多かった。
　また、親から出してもらったくすりであっても「どんな作用なのか、いつ服用するのか」を自分自身で確かめる行動こそが自己管理であり、セルフメディケーションにつながるものと感じた生徒もいた。「くすりの使い方」を科学的な見方（血中濃度の図を用いたり、カプセル吸着実験で実際に体験してもらう）を通して理解させることができたように思う。
　くすりの授業を終えて10ヵ月後に行ったアンケートでは、「学んだことを日常の生活で生かした」と回答した生徒は78％、「学習をしてよかった」と回答した生徒は98％に上った。

◆「くすりの正しい使い方」の学習後、日常生活で生かす場面があったか。

- 日常生活で生かした：78%
- まだ生かしていない：22%

◆「くすりの正しい使い方」の学習をして良かったと思うか。

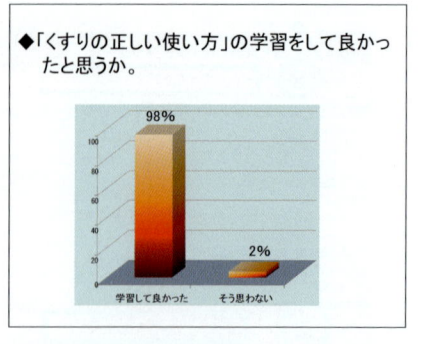

- 学習して良かった：98%
- そう思わない：2%

学習後約10ヵ月経過した後のアンケート結果

　今回の授業の指導案を作る過程で、くすりの適正使用協議会から教材資料や情報提供などの協力をいただくとともに、学校薬剤師にも指導を仰いだ。学校薬剤師は最も身近なくすりの専門家であり、学校教育の支援者の一員である。「くすり教育」を推進するうえでなくてはならない存在であることを実感した。平成24年度から「医薬品の正しい使い方」の授業がスタートすることもあり、さらなる参画をお願いしたい。

　なお、この授業は1学期に行った。高校受験を迎える3年生にとって、「健康管理も実力のうちである」と実感する時期であり、授業を行うタイミングとしてはよかったと思う。また、授業後の保健室来室者に個別指導が可能であるという観点から、養護教諭がくすりの授業をするというのは大変意味があったように思う。

　生徒の意識調査から、ドリンク剤やサプリメントなどの使い方の甘さも懸念される。「効き目穏やかなくすりのような感覚」で使用している生徒も見受けられるため、今後の保健指導につなげていきたい。

おわりに

　今回、授業実践を試みて、身近にあるくすりの学習は、「今、知っておくと使えること」だけでなく、「将来、大人になってからも大切なこと」につながっていく生涯学習の一端となる学習であるということを強く感じた。

（2）保健体育教諭の単独指導の例

中学校保健体育教諭による医薬品についての学習

筑波大学附属中学校　保健体育科教諭　小山　浩先生

1） はじめに

　保健体育の授業は、保健分野と体育分野から構成されている。本校で取り組んでいる保健分野は「生きること、より良く生きること」を大テーマとし、さまざまな内容を組み合わせて授業を展開している。

　今回の学習指導要領の改訂で、保健分野に医薬品を正しく使用することの内容が盛り込まれた。この内容は「薬事法の改正によって、今後多くの一般用医薬品がコンビニエンスストアやスーパーでも入手できるようになることが背景」＊となり、医薬品の正しい使い方を生徒に伝えていく必要があることから設定されたといえる。これを受けて、社会に溢れる医薬品情報の中から、自分に必要な正しい情報を選択するための力（例：医師、薬局の薬剤師や薬店の登録販売者との的確な情報交換等）を育成することが必要になってくる。さらに、生涯にわたる健康の維持管理のためにも、薬の主作用と副作用、薬ののみ合わせ等についても学習し、それを生活の中に活かす力である「セルフメディケーション」の育成にも配慮していく必要がある。

2）「くすりの授業」の展開

　保健分野のさまざまな内容の中から、生命の連続性という視点をもとに「生と性を考える」という単元を構成している。その中で「くすり教育」を次のように計画し、感染症の予防等と関連づけながら授業を構成した。

＊渡邉正樹：「新指導要領で保健はどう変わったのか」（体育科教育、2008年8月号、P.41）

◆　指導案
1　単元名　保健分野「生と性を考える」
2　授業内容・学年　「自分の命は自分で守る－セルフメディケーションを考える－」（第2学年・男女5クラス）
3　ねらい　① 医薬品に対する正しい知識を得る。
　　　　　② 健康と医薬品の関わりについての認識を深め、自己の健康管理に役立てる。
　　　　　③ 医薬品に対する正しい知識を生活の場で活かす態度を身に付ける。
4　授業の実際

学習指導略案

学習内容・活動	指導の留意点
生命の連続を阻むもの、その一つに病気があることを理解する。 伝染性の病気以外の身近な病気を考える。 （1）体調不良時にどうするか？ 　① 放っておく 　　（※「かぜは万病の元」の話） 　② 安静にする 　③ 医療機関にかかる 　④ 一般用医薬品を購入して服用する	自己の体調管理についてどのような考え方をしているのかを確認させ、そのあり方をより正しい認識へと導く。
（2）昔の人たちはどうしていたか？－薬草の話から－ 　① 柿の蔕（へた）や紫蘇の葉、実から作る薬 　　（※身近で採取した実物を提示する）	先人たちの多くの知恵の伝承により、現代の医学や薬学が成り立っていることを理解させる。

② 先人の話
　　華岡青洲：全身麻酔薬の開発とそれを投与された妻への副作用
（3）現代は？
　→　医療機関にかかる
　→　一般用医薬品を購入し、服用する。
◆　一般用医薬品の正しい使用法
　「用法」、「用量」の確認と副作用について考え、薬の効き方を確認する。
　① 持参した一般用医薬品の説明書を読む。
　　　→　気付いたことを話してみる。
　　　→　班ごとに気付いたことを発表する。

	薬の血中濃度、薬の正しい使用法等の知識の獲得と活用法を知る。
	薬の備えに対する現状の確認と応用を考えさせる。また、医療機関などとの適切な接し方も把握する。

　② 配布されたワークシートに、持参した薬の用法・用量シールを貼る。
　③ 用意した自分の家の周囲の地図に、近所の薬店、薬局の位置を記入してみる。かかりつけの病院、医院の確認を行う。

3）授業アンケートの結果とまとめ

　授業の前後に行ったアンケート調査結果は次頁の表のとおりである。

　アンケートの結果から次のようなことが考えられる。

　まず「自分の考えで薬をのむことがある」では、事前yes回答73.7%、事後yes回答81.3%であり、有意な差は見られなかった。しかし、その割合はくすりの適正使用協議会による他の調査結果（中学生で3割）と比較しても高く、薬の使用に関する正しい知識を身につけさせる必要性をより強く感じる（p.65参照）。

　また、「薬の効く仕組みを知っている」の結果から、医薬品の効く仕組みについて、授業前には8割近い生徒が理解していなかった。しかし、授業を通して7割近い生徒が理解を深めたことが分かるとともに、「水以外で薬をのむ」や「錠剤をかみ砕いてのむと早く溶けてすぐに効くと思う」の結果からも、正しい服用の仕方について、授業を通してその理解が進んだと考えられる。

　さらに「一般用医薬品と医療用医薬品の違いが説明できる」では、一般用医薬品と医療用医薬品の違いを認識している者が8割を超えており、くすりの適正使用協議会の調査結果（中学生で1割）と比較して高い結果を得た。一方、授業後に認識率が低下したこと（87.9%→80.4%）をふまえると、授業での取り組み方をより丁寧に行う必要があると思われる。同様に「具合が良くなったら使用を止める」についても、処方された薬（医療用医薬品）は最後までのみきることが大切であることを、一般用医薬品とは分けて理解させる必要がある。

　最後に「お薬手帳を持っている、知っている」については、「お薬手帳」の認識率が増加した。その存在を知る者が増えることで、薬ののみ合わせによる副作用を予防する手がかりになることを理解させることができた。

　このように、さまざまな資料を活用しながら「くすりの授業」を展開することで、生徒に「セルフメディケーション」についての理解を深めさせることができるといえよう。

		薬の名前を3つ以上知っている		水以外で薬をのむ		薬の効く仕組みを知っている		のみ忘れたら2回分のむ		副作用を知っている	
事前	yes	144	72.7%	93	47.0%	34	17.3%	11	5.6%	193	97.5%
	no	54	27.3%	105	53.0%	162	82.7%	187	94.4%	5	2.5%
	計	198		198		196		198		198	
事後	yes	165	82.9%	44	22.1%	133	67.5%	8	4.0%	196	98.5%
	no	34	17.1%	155	77.9%	64	32.5%	191	96.0%	3	1.5%
	計	199		199		197		199		199	

		自分の考えで薬をのむことがある		医薬品、サプリメント等の役割説明可		一般用医薬品と医療用医薬品の違いが説明できる		具合が良くなったら使用を止める		錠剤をかみ砕いてのむと早く溶けてすぐに効くと思う		お薬手帳を持っている、知っている	
事前	yes	146	73.7%	97	49.0%	174	87.9%	43	21.7%	33	16.7%	71	36.0%
	no	52	26.3%	101	51.0%	24	12.1%	155	78.3%	165	83.3%	126	64.0%
	計	198		198		198		198		198		197	
事後	yes	161	81.3%	97	49.0%	160	80.4%	77	38.9%	10	5.0%	104	52.8%
	no	37	18.7%	101	51.0%	39	19.6%	121	61.1%	189	95.0%	93	47.2%
	計	198		198		199		198		199		197	

※各質問項目：左段は回答数、右段は%

授業前後のアンケート結果の比較

（3）保健体育教諭＋学校薬剤師のティームティーチングの例

学校薬剤師から見た医薬品の保健学習
　　　京都市学校薬剤師会／京都市立月輪中学校　学校薬剤師　川崎　健太郎先生

1）目的・きっかけ
　私が学校薬剤師をしている中学校で、保健学習の授業での教師のサポート役として参加させていただいた。保健体育科の教師と、薬に関して専門的な知識を持つ薬剤師が協力し、薬についての正しい知識を生徒に習得してもらうことが目的である。複数の指導者（今回は教師と薬剤師）が協力して授業を行うことは、ティームティーチング（T.T.）と呼ばれ、京都市学校薬剤師会研修会でも報告させていただいた。実際の授業の準備と流れをレポートさせていただき、薬剤師の学校教育への参加について、今後の参考になれば幸いである。

2）準備
　保健体育科学習指導案を担当の山口教諭よりいただくとともに、事前に授業で使用するスライドも確認させていただいた。授業前に教師と打ち合わせるため、2、3度、学校に訪問もした。日ごろから学校薬剤師は、必要な際に学校と連絡を取り合える信頼関係を築いておく必要がある。

3）授業の流れ
　当日は教壇前に電子黒板が置かれ、パワーポイントを用いての授業であった。教師から生徒に「風邪をひいたらどうする？」という問いがあり、
　① 病院へかかる
　② 薬をのむ
　③ 寝る
　④ 運動する
の4択で生徒に挙手を求め、人に元々備わる自然治癒力の大切さについて言及した。その後、教師は「②　薬をのむ」に関連し、「今日は正しい薬の使い方

を勉強するため、薬の専門家をお呼びしています」と学校薬剤師である私を紹介した。この自己紹介についても学習指導案に記載されており、私の方も準備して臨むことができた。

　次に、6つの質問とワークシートが示され、授業はその6つについて紐解いていく流れで進められた。

Q1：錠剤を噛み砕いたり、カプセルの中身を取出したりしてのんだことがあるか？
Q2：早く頭痛を取りたかったので、薬の量を多くしてのんだことがあるか？
Q3：薬をのみ忘れたので次回に2回分のんだことがあるか？
Q4：水なしで薬をのんだことがあるか？
Q5：ジュースで薬をのんだことがあるか？
Q6：薬の説明書を読まずにのんだことがあるか？

　これらについて、教師は、今までに経験のあるものについて生徒に挙手を求めた後、生徒の興味をひくよう教材を使用しながら詳細な説明を私が行った。
　Q4の解説では、教師が「ペタペタ実験」と言い、生徒の興味をひく実験を行った。指を少し湿らせて空のカプセルを触るとペタペタとして指にくっつくのに対し、多くの水分をつけて触ると指にくっつくことがなかった。この結果をふまえて、教師から私にバトンタッチしていただき、少量の水で薬を服用すると食道にくっつき、潰瘍を起こすこともあることを説明した。

保健体育科学習指導案（月輪中学校山口教諭が作成された表を抜粋）

時間	学習の流れ	指導者の流れ
はじめ (5分)	1．本時の内容確認 「風邪をひいたらどうする？」	T　自分が風邪をひいたとき、どのような対応をとるか挙手させる。薬の役割や薬を正しく使用することが健康な生活を送るために必要である。
	2．学校薬剤師の紹介	T　今日は薬について勉強するので、薬のプロの方に来てもらっていることを紹介する。 Y　薬剤師が簡単な自己紹介をする
	3．『こんな薬ののみ方をしましたか？』 ワークシートへの【ハイ・イイエ】に○を記入する	T　今までの薬ののみ方を思い出させ、ワークシートに記入させる。質問はすべてしてはいけないことだと伝え、薬ののみ方への疑問や学習に対する意欲を持たせる。 T　これから《Question》の解説をしていくことを伝える

(中略)

時間	学習の流れ	指導者の流れ
なか (40分)	5．Q2・Q3の解答 『薬の血中濃度について知る』 ・血中濃度のグラフを見て体内での変化を知る （マグネパネル*を使用）	T　次に、Q2・Q3の説明をよろしくお願いします。 （Q2・Q3の説明を薬剤師にバトンタッチする） （血中濃度のグラフを黒板に貼り付ける） Y　体の中の薬の量で薬の効き目が決まることを知らせ、決まりを守らなければ薬の効き目が現れない場合や危険な場合があることに気づかせ、薬本来の役割（主作用）を果たせないことを伝える。

*くすりの適正使用協議会マグネパネル「薬の血中濃度」

な か (40分)	6．Q4・Q5の解答 『薬の正しいのみ方を知る』 ・薬には正しいのみ方、のむ回数、のむ時間などがあることを知る ・ペタペタ実験（Q4） ・のみ合わせ実験（Q5）	実物投影機を準備する。 T　生徒に前に出てこさせ、空のカプセルと水を用意し、少し指を湿らせてからカプセルに触れさせる。次に、十分に指を湿らせてからカプセルに触れさせる。 　『水を十分に付けないとカプセルが指に引っつきますが、実際の体に置き換えるとどのようなことが起こるのでしょうか？』 Y　水の量が少ないと薬が喉や食道に貼りつき胃まで届かないことがある。コップ1杯の飲み物が必要なことを伝える。 T　水・緑茶・ジュースそれぞれが入った試験管を用意し、薬はどの飲み物でのむのがよいか実験する。緑茶にはインクレミンシロップ、ジュースには重曹を入れる。 『この実験結果からどのようなことがいえるのでしょうか』 Y　この反応から、絶対に薬と反応を起こさない水を使って薬をのむことを伝える。

↑担当箇所（T：先生、Y：薬剤師）

　Q6については、すぐには解説をせず教師が添付文書に何が書かれているかをグループワークで生徒の意見を求めていた。その後、実際の添付文書のコピーを渡して読ませ、私が添付文書の内容について解説した。
　最後に教師は、「薬は便利であるがセルフメディケーションが大切」とまとめた。

授業風景

4）学校薬剤師に期待されること

　学校の保健授業への参加依頼があった時、不安もあったが、今後、薬剤師が医療従事者の一員として学校教育に関わるようになる一助になればと思い、引き受けることにした。しかし、教育現場をあまり知らない薬剤師が授業に参加するということで、教師には多大なご負担をおかけしたと思う。今後、ティームティーチングが広まり、薬剤師が積極的に学校の先生をサポートしながら授業を一緒に進めていけるようになり、薬剤師の教育現場での活躍の場が広がることを期待している。

　最後になったが、この授業を行うにあたり、学校関係者の方をはじめ、京都市教育委員会、くすりの適正使用協議会の方々の多大なるお力添えをいただいた。心より厚く御礼申し上げる。

2　保健指導

(1) 養護教諭＋学校薬剤師のティームティーチングの例

学校薬剤師と連携して行う「くすり教育」～薬学講座の一講座として～

静岡県裾野市立須山中学校　養護教諭　柏木　真貴子先生

はじめに

　最近は小中学生でも、ドラッグストアやコンビニエンスストアで、簡単に医薬品が購入できるようになった。しかし、子どもたちを見ていると、
- ・痛みがあった時、安易に薬に頼る。
- ・薬の誤った使用法を認識している。
- ・一般用医薬品を購入する基準は、CMや友達の情報などが多い。

という実態がある。

　また、子どもたちの「生きる力」を育む具体的な手立てとして、中学校学習指導要領第7節「保健体育」の中に、新たに「医薬品は正しく使用すること」が盛り込まれ、平成24年度より施行となった。

　そこで、くすりの適正使用協議会の研修を受け、平成21年度より、薬学講座の一講座として1年生を対象に、薬剤師と連携して「くすり教育」を実践した。

1)「くすり教育」の内容

> ① 薬の働きや役割と自然治癒力について
> ② 薬の効き方（吸収→分布→代謝→排泄）や血中濃度について
> ③ 薬の種類（内服薬、外用薬）や形（錠剤やカプセル）の工夫について
> ④ 薬の副作用と対処法について
> ⑤ 用法・用量など薬をのむ時のルールについて

2）授業実践の紹介

① 薬が必要なとき

導入として、「ころんでひざをすりむいた時、熱が出た時、おなかが痛くなった時どうする？」と質問し、考えさせる。

「消毒する」、「病院に行って薬をのむ」という生徒もいたが、「暖かくして早く寝ていたらよくなった」、「けがは薬をぬらなくても水で洗っただけで治ったよ」と言う生徒もいた。「そういう力って、なんていうか知っている？」と問い、自然治癒力の説明をする。

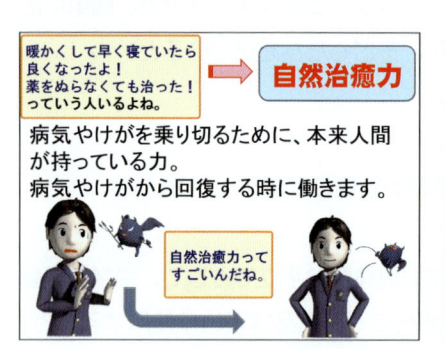

くすりの適正使用協議会パワーポイント（一部アレンジ）

「寝ているだけでは治らなかったので、家にある薬をのんだ」という発言もあり、そこから、「薬が必要な時」の説明をする。

「保健室に来る人の中に『先生、おなかが痛くなったので、お薬ください』、『風邪をひいた時、お母さんが病院でもらってきた薬をのんだら、早く治ったよ』と言う生徒がいるけれど、この薬ののみ方って、正しいのかな？ 今日は、学校薬剤師の先生から、薬の正しい使い方についてお話を伺いましょう」と話を発展させ、学校薬剤師の先生から話をしていただく。

② 薬が効果を発揮する仕組み

学校薬剤師の先生には「薬の種類や形、内服薬や外用薬・注射剤、錠剤やカプセル」について、模型を使って説明をしてもらう。

そして、薬は血液の中に入ってはじめて効果を発揮すること、薬の効き目は、

錠剤の断面図
- 胃で溶ける膜
- 胃で効く成分
- 腸で溶ける膜
- 腸で効く成分
- コーティング膜

血液に溶けている薬の濃度（血中濃度）によって決まることを説明する。
「だから、のむ回数やのむ量が決まっているんだね」ということを押さえてもらう（p.53のワークシート1参照）。

③ 実験で知る、薬ののみ方

「事前アンケートで、薬を飲み物なしでのんだり、お茶やジュースでのんだりしたことがあると答えた生徒がいたよね。それって正しいのかな？」と問い、コップ1杯程度の水、またはぬるま湯でのむのはなぜか？の実験をして説明する。

【実験1】
なぜコップ1杯程度の水が必要か？
　少しだけ指先を水に濡らし、カプセルを持つと、カプセルが指にくっついて落ちない。
　「飲む水が少ないと、のどに薬がくっつくので、コップ1杯の水でのまなきゃいけないんだね」と、

現場編

生徒たちは納得していた。

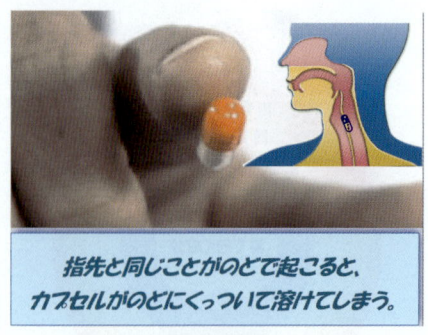

指先と同じことがのどで起こると、カプセルがのどにくっついて溶けてしまう。

くすりの適正使用協議会パワーポイント

【実験2】
なぜ水でないといけないのか？
　「水とお茶の中に、鉄分を補給する薬を入れると、お茶の方だけ色が変わってしまう。これはお茶の成分が、薬に影響を及ぼしたということです」他にも、牛乳やコーラ、コーヒー、ジュースでのむとよくない理由を説明する。

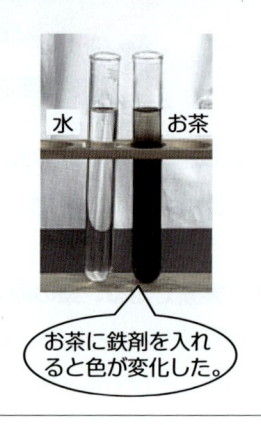

水　　お茶

お茶に鉄剤を入れると色が変化した。

④　薬の注意点

　最後に、すべての薬には、病気を治したり軽くしたりする働き「主作用」と、本来の目的以外の好ましくない働き「副作用」があること、副作用が起こる原因や注意事項を、学校薬剤師の先生に説明してもらう（p.54のワークシート2参照）。

薬は、正しく使いましょう！

・薬を子どもだけで勝手に
　のんだり使ったりしてはいけません。
・薬は一人ひとりの症状などに
　あわせて使う必要があります。

友達から薬をもらったり、友達にあげたり、おうちの人が病院からもらった薬を他の人が使ったりするのは良くないよ

同じ症状のようでも原因が違っていたり、前回とは身体の状態が異なっていたりすることが考えられるので、残った薬(注)はのんでは駄目だよ

注）薬には「使用期限」があります。残った薬は使用しないで下さい。

くすりの適正使用協議会パワーポイント

【生徒の感想から】

・薬にはのみ方やのみ合わせがあり、間違ったのみ方をすれば、薬の目的とは異なる副作用があることが分かった。これからは、自分の体の状態を考えながら、薬を正しく使っていきたい。
・私たちの体には自然治癒力があること、薬にはのみ方のルールがあることがよく分かった。これからも薬に頼らないように、生活の仕方にも気をつけ、具合の悪いときには、正しい薬の使い方をしたい。
・薬をのむとき、少ししか水を飲んでいなかったので、コップ１杯の水でのむようにしたい。また、ときどき兄の薬をもらってのんでいたので、これからは人の薬はのまないようにしたい。

3）自分の体は自分で守れるように

　平成21年度から学校薬剤師と連携し、薬学講座の一講座として「くすりの授業」を始めた。学校薬剤師も他校の薬剤師と情報交換をしながら、実験内容や教材などの準備に熱心に取り組み、毎年、いろいろと工夫をしてくれるようになった。今後も学校薬剤師との事前の打ち合わせを密に行い、生徒の実態を

共有して、効果的な授業のあり方について検討していきたい。

　酒やたばこ・薬物と同じように、薬についても理解の定着と選択能力を育むために、反復して指導する必要がある。そこで、平成22年度から中学３年生には、中学１年生の薬学講座で学習したことを復習しながら、「薬の説明書の読み方やお薬手帳」についても指導を行い、さらに全体指導から保健室での個別指導へとつなげて指導している。

　今後も、薬学講座とつながりを持たせながら、中学３年生の保健学習「保健・医療機関や医薬品の有効利用」においても、保健体育科教諭や学校薬剤師と連携し、自分のからだは自分で守る「セルフメディケーション」の考え方を、子どもたちが身につけられるように努めていきたいと考えている。

資料　くすりの適正使用協議会パワーポイント「薬の正しい使い方（中学生版）」

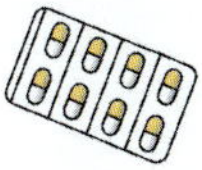

くすりの正しい使い方

<1年ワークシート>

1年　A組＿＿＿番　氏名＿＿＿＿＿＿＿＿＿＿＿＿＿＿

薬剤師さんのお話を聞きながら書き込みましょう。

Q　みなさんは、こんなときどうしましたか？
- ●ころんでひざをすりむいたとき
- ●熱がでたとき
- ●おなかがいたくなったとき

◎暖かくして早く寝ていたら良くなった！薬をぬらなくても治った！→なぜ？→ ［　　　　］

Q 「薬」には、どのような種類や形があるでしょう？
- ●内服薬（口からのむ薬）…
- ●外用剤（皮膚、目、鼻などの粘膜に使用する薬）…
- ●注射剤（皮膚や筋肉、あるいは血管内に直接入れる薬）…

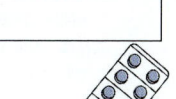

Q 「薬」の使い方にはどんな決まりがありますか？
食前…
食後…
食間…

薬は、血液の中に入ってはじめて効果を発揮します。

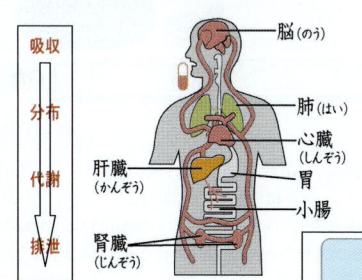

吸収 → 分布 → 代謝 → 排泄

脳（のう）
肺（はい）
心臓（しんぞう）
肝臓（かんぞう）
胃
小腸
腎臓（じんぞう）

〇コップ1杯程度の量の飲み物でのむ理由
→　（　　　　　　　　　　　　）

〇水でのむ理由
お茶：薬の効果が弱くなることがある
牛乳：薬の効果が発揮するのに時間がかかり過ぎることがある
コーラ、コーヒー：カフェインの作用により眠れなくなることがある
ジュース：果物や野菜の成分は目的とする効果を変えてしまうことがある

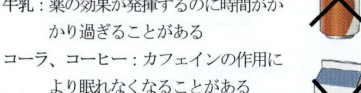

主作用…病気を治したり軽くしたりする働き
副作用…本来の目的以外の好ましくない働き

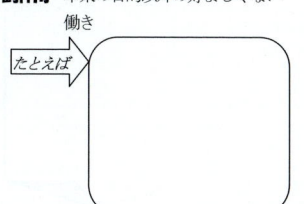

たとえば

～薬の決まりを知るために～
薬の血中濃度

薬の効き目は『体の中の薬の量』できまります。
血液にとけている薬の濃度のことを血中濃度といいます。
血中濃度によって薬の効き目の現れ方が決まります。

●1日3回のむ薬の場合

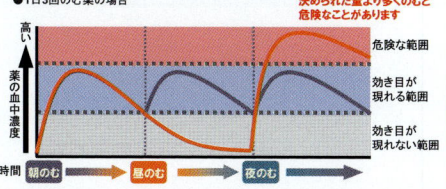

決められた量より多くのむと危険なことがあります

薬の血中濃度（高い）

危険な範囲
効き目が現れる範囲
効き目が現れない範囲

時間　朝のむ　昼のむ　夜のむ

「効かないからもう1錠」や「痛みが軽いから半分だけのむ」はダメ！！

くすりの適正使用協議会

ワークシート1

薬学講座を振り返って　　＜1年ワークシート＞

1年　A組　　　番　氏名

1. くすりについて

下の□から、あてはまる言葉を選んでa〜eに書きましょう。

| 食事 | くすり | いぞんせい
依存性 | しぜんちゆりょく
自然治癒力 | 運動 |

◆くすりは何のためにあるのでしょう？

　　人間は、病気やけがを乗り切り健康な状態に維持する力、すなわち（ a 　　　）があります。これは、本来人間が持っている力で、病気やけがから回復する時に働きます。
　　でも、（ a 　　　）だけでは回復できない時もあります。そこで、病気の原因を取り除いたり、（ a 　　　）を助け、病気やけがが早く治るようにしたり、重くならないようにしたりするのが（ b 　　　）の力です。

元気な時

体が弱った時

| a | 　　| a | + | b | の力

◆くすりの危険性

　　病気を治すには、（ b 　　　）だけではなく、（ d 　　　）や（ e 　　　）など、生活の仕方が重要です。安易に（ b 　　　）に頼る習慣がつくと（ c 　　　）が生じ、（ b 　　　）を乱用してしまう危険性があります。（ b 　　　）の乱用は、心身に様々な影響を与え、健康を損なう原因になることもあるので、使うときには正しく使うようにしましょう。

2. 本日の授業でわかったこと、これから行動していきたいことはなんですか。また、感想を書きましょう。

ワークシート2

現場編

（2）養護教諭等＋学校薬剤師のティームティーチングの例

小平市の「お薬教育」のあゆみ～薬が正しく安全に使われる社会を目指して～

小平市薬剤師会理事／小平市学校薬剤師会会長　福田　早苗先生

はじめに

　小平市の"お薬教育"、それは平成14年度、一校の小学校から始まった。日々、薬局の店頭で散見される無謀な薬の使い方をする一般消費者の方々の様子に「どこかできちんと薬の正しい使い方を伝える機会が必要なのでは」と考えたのがこの活動の原点となった。そして平成22年度、小平市内の小学校19校、中学校8校の全校で"お薬教育"を中心とする授業に薬剤師がゲストティーチャーとして参加することができた。小平市で"お薬教育"がこのように浸透し、定着させることができた要因を検証しつつ、ご紹介させていただきたい。

1）啓発普及活動

　開始当初、小中学校とも「医薬品の正しい使い方」に関する内容は学習指導要領には含まれていなかったため、教育関係者に"お薬教育"の必要性と重要性を理解してもらう必要があった。そのため、学校薬剤師として接する機会の多い養護教諭や、学校長に機会あるごとに「医薬品の適正使用に関する基礎知識を学ぶことにより、"薬"と"薬物"との類似点・相違点を明確にする」という"お薬教育"を、すでに学習指導要領に含まれていた"薬物乱用防止教育"の導入と位置づけて訴えた。さらに、「セルフメディケーションの時代を迎え、医薬品の適正使用に対する高い認識をもち、医師・薬剤師などの職能を理解し活用する必要性が高まったこと」、「アスリートを夢みる児童・生徒に対し、安易な"薬"の使用が『ドーピング』につながるおそれがある、いわゆる『うっかりドーピング』に対する認識を定着させること」などについても盛り込み、少しずつ理解、関心を持っていただけるようにしてきた。この活動は現在でも養護教諭の異動などに伴い、各学校担当の学校薬剤師が各々の学校で行っている。

さらに、市内の学校長・副校長合同会議に小平市薬剤師会として赴き、"お薬教育"への理解・協力を求める活動を継続的に行っている。このような活動を積み重ね、次第に"お薬教育"を学校教育に導入することに対し、共感を得られるようになってきた。
　また、学校医会からの要請による校医・園医研修会でのデモ授業の実施や、医師会ニュースに"お薬教育"の活動状況を投稿したことにより、活動へのご支援をいただけることにつながった。現在、"お薬教育"については学校保健会や、年1回開催される三師会役員会において、その進行状況を継続的に報告している。

2）お薬教育の内容

　実施している"お薬教育"の主な内容は次のとおりである（写真・図1）。

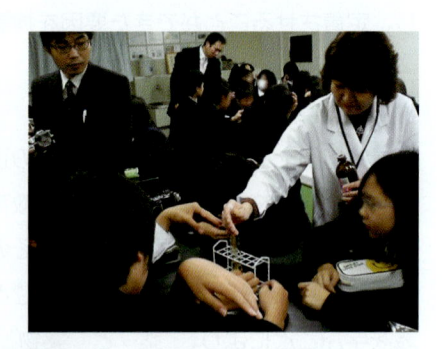

お薬授業風景

授業内容
① **薬の役割**：薬は「体の自然治癒力をサポートするもの」
② **薬の旅**：薬の服用から代謝、吸収、排泄、及び血中濃度について
③ **薬の種類**：薬の工夫・剤形の特徴やそれによる使い分けについて
④ **薬の作用**：薬の主作用と副作用について、副作用に気がついた時の対応について
⑤ **薬の正しい使い方**：「薬の正しい使い方」のルールを簡単な実験やクイズで

⑥ **お薬手帳について**：お薬手帳の必要性と、有効な活用法の啓発
⑦ **薬の研究・開発**：新薬の開発と、薬の安全を守るしくみについて
⑧ **医療従事者の役割**：医療の中での医師、薬剤師などの役割分担を理解
⑨ **健康であるために（セルフメディケーションとは）**：「体の健康三原則」・「心の健康5ヵ条」を挙げ、体と心の健康を維持することの大切さを理解し、セルフメディケーションへの理解を促す

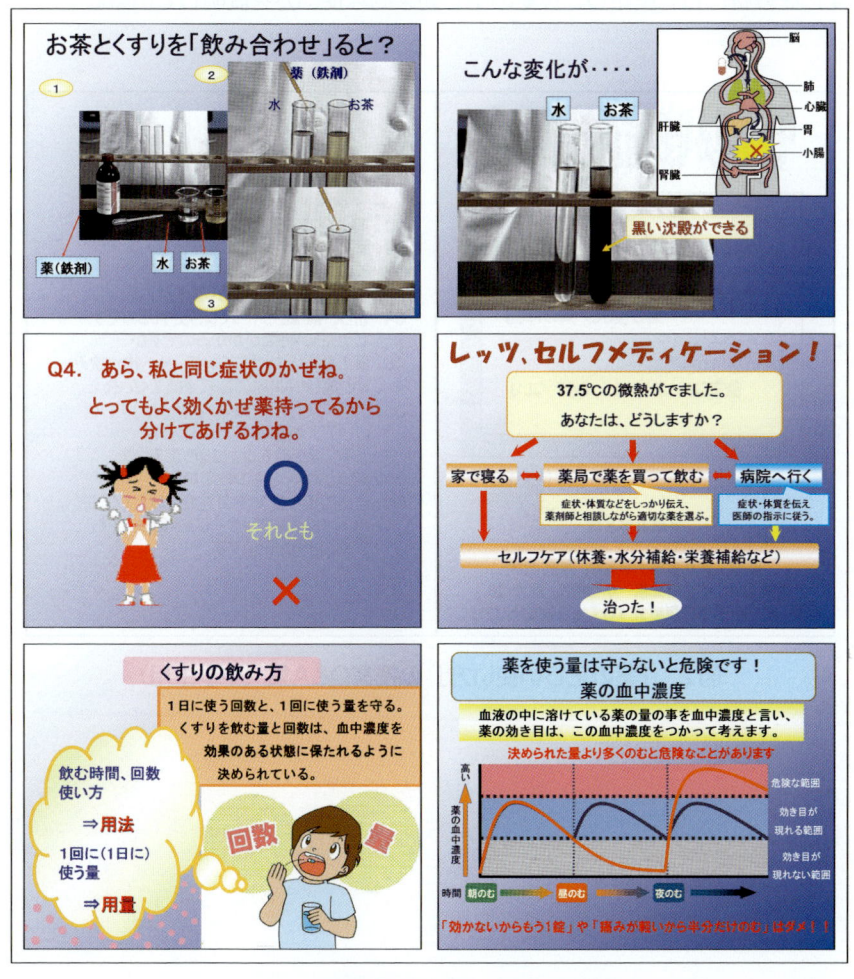

図1　お薬授業スライドサンプル

また、授業終了後に"お薬授業"に対するアンケート調査を行い、授業に対する満足度・理解度を図るとともに、その中で寄せられた質問に対応するため、小平市薬剤師会で作成した「お薬授業Q＆A集」（図２）を受講した中学生全員に、まんが版「薬の正しい使い方」（図３）をやはり受講した小学生全員にそれぞれ配布し、家庭に持ち帰って家族と一緒に授業を振り返ってもらうようにお願いしている。また、中学生には小平市薬剤師会オリジナルお薬手帳（図４）を教材として配布し、授業の中で効果的な使い方を説明している。

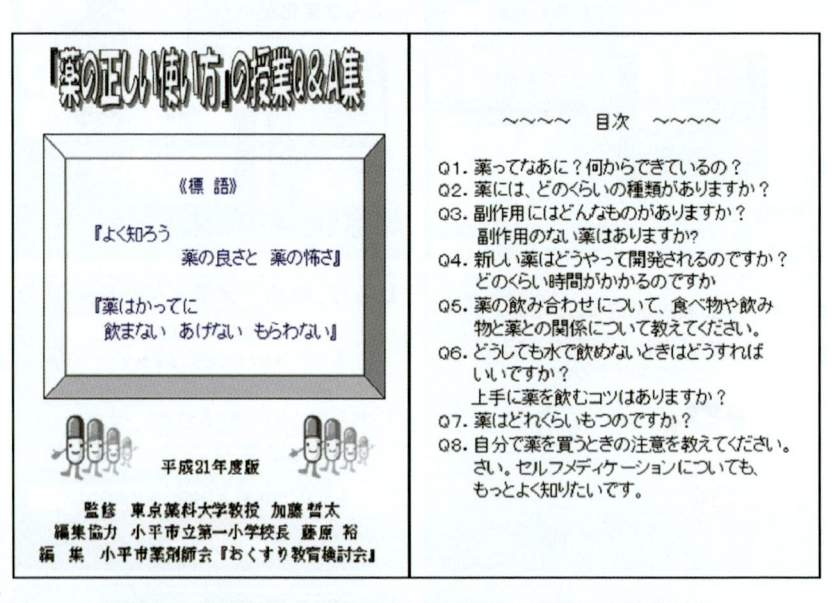

図２　「薬の正しい使い方」の授業Q＆A集（中学生用）

図3 まんが版「薬の正しい使い方」（小学生用）

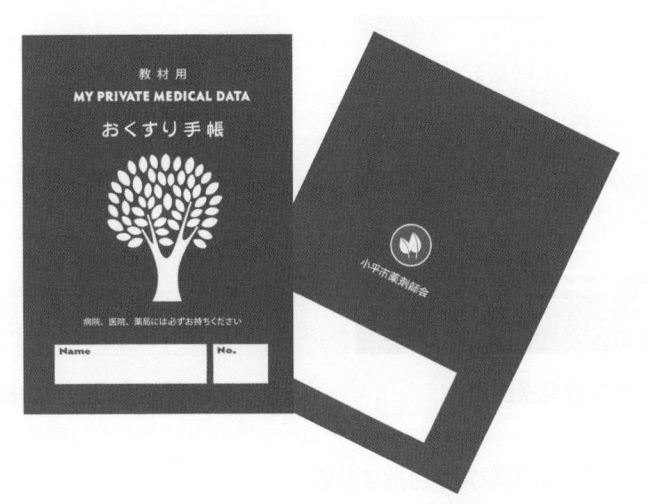

図4 オリジナル「お薬手帳」（中学生に配布）
※欄外に小中学生に募集した薬の適正使用に関する標語の優秀作品を掲載

3）授業の充実のために

　質の高い授業を提供するためには、講師を務める薬剤師の人材確保と、吟味された内容の教材が必要となる。その対策として、平成17年度に講師は学校薬剤師のみではなく、小平市薬剤師会にも協力を求めたこと、また、運よく東京薬科大学の加藤哲太教授のご協力を得られることになったことなどが大きな原動力となった。現在も授業を初めて行う薬剤師の場合は、加藤教授や経験のある薬剤師と組んで授業を行うなどのサポート体制をとっている。

　さらにこの年、教育現場に求められる"お薬教育"について検討するため、講師を務める薬剤師のスキルアップ、教材検討、情報交換を目的として加藤教授のご支援のもと、「お薬教育検討会」**（写真・図5）**を小平市薬剤師会として立ち上げた。当初、参加者は薬剤師のみだったが、興味・関心を持っていただいた学校長をはじめとする養護教諭・一般教員など教育現場の先生方や、さらには教育委員会教育長、保健所職員までの参加者が集い、それぞれの立場から幅広く意見交換ができる貴重な場となっている。この「お薬教育検討会」は、現在年に3回定期開催している。

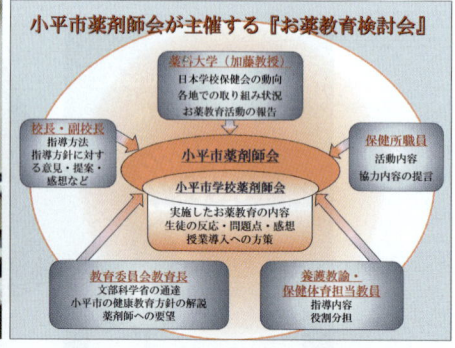

お薬教育検討会　　　　　　図5　お薬教育検討会の概要

4）薬剤師が行うお薬教育が目指すもの

　今世紀はセルフメディケーションの時代だといわれるが、それを実践するためには、医薬品に対する基本的な知識と適確な判断力が必要である。教育とは

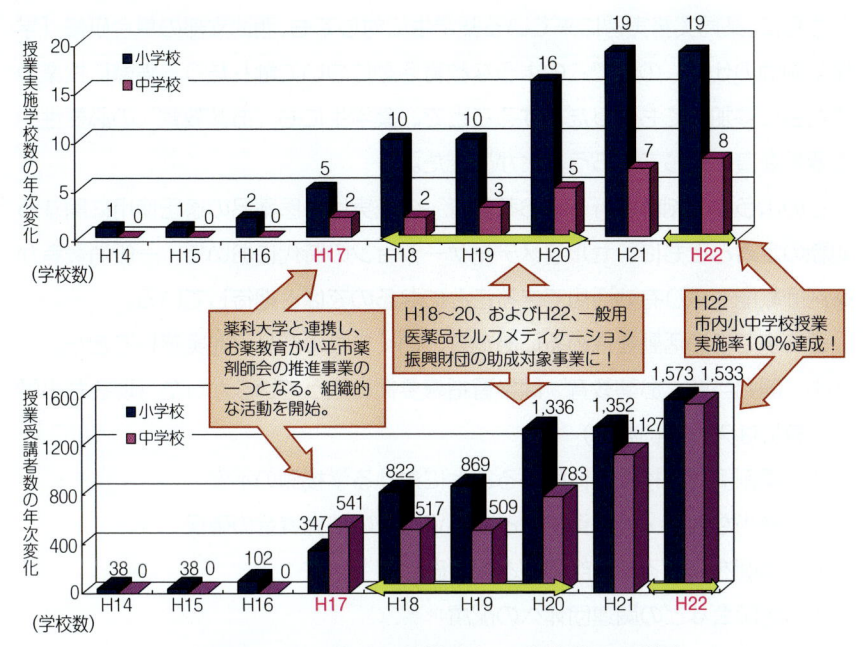

小平市における「お薬教育」の実施状況の推移

　知識を教えるだけでなく、その知識に基づいて正しく判断し、行動できるようにサポートすることだと考える。このような考えに基づき薬剤師会主導で運営している「お薬教育検討会」の充実は、小平市の"お薬教育"において、薬剤師が必要不可欠な存在であることを印象づけられたと考えている。

　小平市においては薬剤師が行う"お薬教育"実施率がほぼ100％に達し、小学校・中学校と発達段階に応じて繰り返し教育できる環境が整った。その一方で、他地域の薬剤師の方々に対しても小平市の活動のノウハウを提供し、薬剤師誰もが"お薬教育"に取り組みやすい環境を整えるために、各薬剤師会と連携をとっていく必要があると考え、平成21年度より多摩小平保健所の協力を得て、同所管轄内の五市薬剤師会に呼びかけ"五市合同お薬教育検討会"を立ち上げた。"お薬教育"に関する情報を共有して関わるすべての人が同じ目的意識を持って活動を展開し、輪を広げていくことは、よりいっそう活動の充実が図れるのではないかと期待している。

さらに、薬局実務実習に来ている薬学生に対しても、西武支部の集合研修「学校薬剤師の仕事」の中でこのような教育活動について触れたり、実際に授業や検討会に参加してもらったりすることで、薬学生にも"お薬教育"の必要性や重要性を直に感じてもらうことができた。
　このような薬剤師が行う"お薬教育"の充実は、医薬品の適正使用に関する知識の定着とともに、セルフメディケーションの時代において、一般消費者が薬剤師職能をより有効活用できることになるのではと期待している。
　ここまでこの活動を進めるにあたり、いくつかのバリアを実感してきた。
　① 開始当時"お薬教育"は学習指導要領に入っていなかった（現在も小学校には入っていない）
　② 薬剤師が学校教育に関わることに対する学校側の不安
　③ 適当な教材・教育資材などの不足とその整備資金の確保
　④ 講師を務める薬剤師の質と数の確保
　⑤ 医師会などの関連団体への配慮
　これらのバリアは、多くの方のご支援とご協力、そしてまた運にも助けられ一つひとつクリアしていくことができた。やはり「個」ではなく「薬剤師会」として動き、各団体との連携をとりながら活動を広げたことが功を奏したと考えている。関わるすべての人が同じ目的意識を持って活動を広げる努力をすることがとても大切だと感じた。
　最後に、苦労を分かち合いながらも背中を押してくれている小平市薬剤師会、学校薬剤師会の素晴らしいメンバー、強力な指導力で支え続けてくださる加藤教授に心より感謝の意を表する。
　なお、小平市薬剤師会の"お薬教育"は、平成18～20年度の3年間および平成22年度の「公益財団法人一般用医薬品セルフメディケーション振興財団」の助成対象事業として認定され、ご支援をいただけたことも活動の幅を広げ、弾みをつける大きな要因であったことを申し添えさせていただく。

【実態編】
くすりに対する意識・疑問の実態

　実態編では、子どもたちのくすりに対する意識や、くすり教育を受けた後に感じる疑問、学校におけるくすりのトラブル、また、くすり教育に取り組む薬剤師、養護教諭、保健体育教諭からこれまでに寄せられた質問の中からいくつか紹介します。

　事前に把握しておけば、くすり教育のサポートや授業を行う際、さらには薬局業務でのヒントになるかもしれません。

1　子ども（小中学生）
　（1）子どもたちのくすりに対する意識と使用実態
　（2）くすり教育を受けた子どもたちの疑問集

2　保護者
　　保護者のくすりに対する意識

3　養護教諭・保健体育教諭
　（1）くすりに関する困った経験・指導事例集
　（2）養護教諭・保健体育教諭が知りたいくすりの疑問と回答の一例

4　学校薬剤師
　　くすり教育に関する薬剤師の疑問

1　子ども（小中学生）

（1）子どもたちのくすりに対する意識と使用実態

　小中学生は、自分の心身の健康状態やくすりについて、どのような意識を持っているのでしょうか**（図表1）**。

　生活習慣に関する質問では、小中学生とも「偏食なし」、「規則正しい生活ができている」の回答が5割前後と低く、課題があることが分かります。

　くすりについては、保護者の指示のもとで使用していると予想されますが、それでもお茶やコーラでくすりを飲むなど、正しく使用できていない現状がうかがえます。

　これらの実態を背景に、くすりを正しく使うための知識と判断力を育成できるような教育が望まれます。

◇　小学生、中学生あわせて18.3%が学校にくすりを持参しています。自分の判断でくすりをのんだことがあると回答したのは、小学生で13.6%、中学生では29.9%に上ります。

◇　くすりの効く仕組みへの理解は全体の20.3%にとどまり、また28.5%が飲み物なし、42.5%がくすりをお茶やジュースなどでのんだ経験があるなど、正しい知識を持たずにくすりを使用しています。

◇　「副作用」という言葉は全体で71.9%が認識しており、副作用の経験も17.1%が「ある」と回答しました。

◇　一般用医薬品と医療用医薬品の違いの認識は、中学生でも7.1%にとどまり、改正薬事法施行前である平成20年度と比較しても、変化はありませんでした。また、サプリメントを服用した経験は全体で55.6%ですが、「医薬品」との違いを認識しているのは11.5%と低くとどまっています。

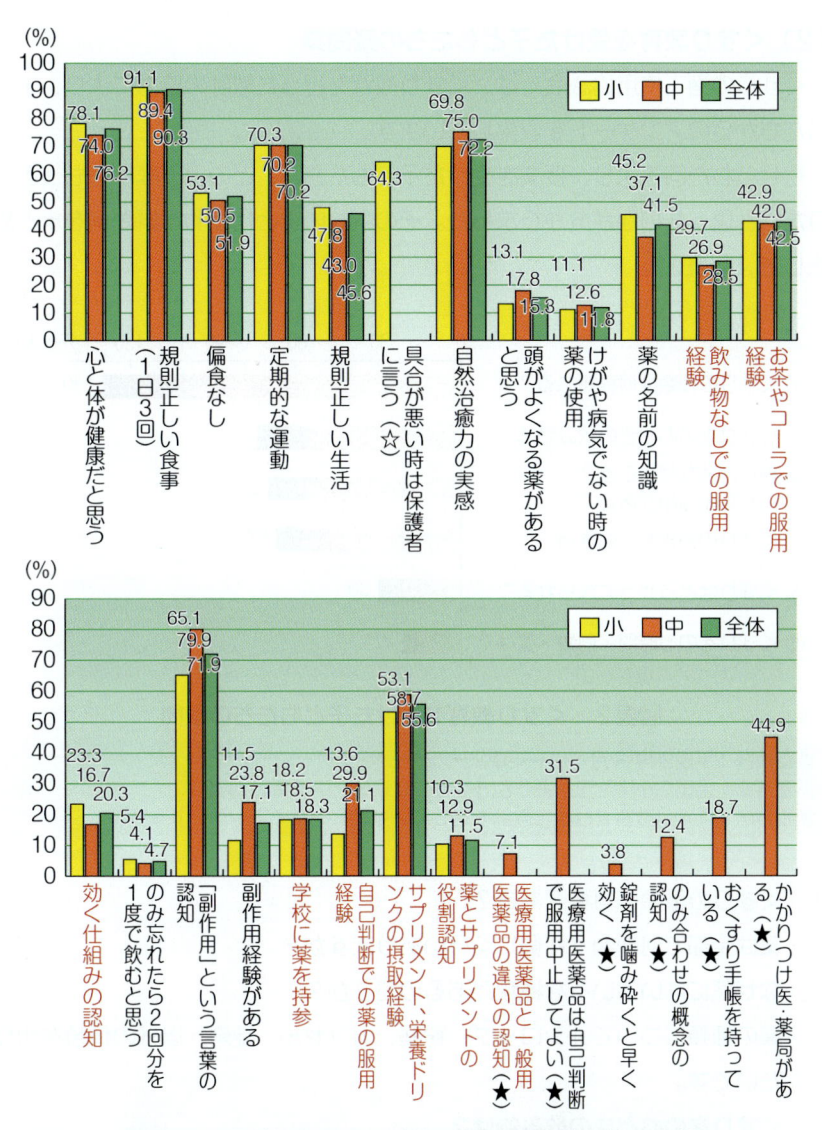

図表1　子どもたちのくすりに対する意識と使用実態

調査期間：平成20年4月1日～平成23年3月31日
調査対象：全国の小中学生3,366名（小学生1,822名、中学生1,544名）
調査方法：くすり教育を行った教師に対し、生徒への事前・事後アンケートを依頼、収集
　☆：小学生のみの設問
　★：中学生のみの設問

実態編

（2）くすり教育を受けた子どもたちの疑問集

くすりの適正使用協議会では、くすり教育を行った教師の協力により、子どもたちからのアンケートを収集しています。

寄せられた回答より、授業を受けた子どもたちが、どのような事をもっと知りたいと思ったのかが分かりました。その主な内容と代表的な質問例をまとめました（図表2）。

質問	人数
① くすりの種類は何種類ある？	130
② くすりをのむときの飲み物は？	74
③ 副作用はなぜ起こる？どんな副作用がある？	70
④ くすりの効き方、効き目	67
⑤ くすりはどうやって作られる？	30
⑥ くすりをのむ時間・回数・量は？	21

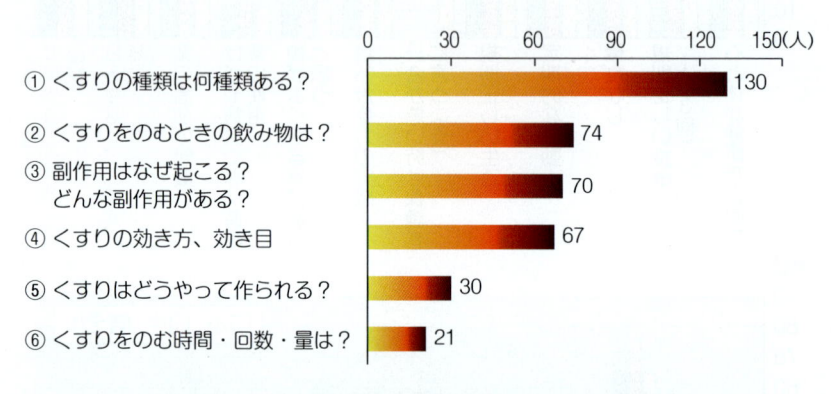

図表2　くすり教育を受けた子どもたちの疑問

調査期間：平成20年4月1日～平成23年3月31日
調査対象：全国の小中学生4,996名(小学生2,962名　中学生2,034名)
調査方法：くすり教育を行った教師を通じて、生徒に対するアンケートを実施

① **くすりの種類は何種類ある？**
　・薬は全部で何種類（何個）くらいありますか？
　・なぜ薬にはいろいろな種類があるのですか？
　・薬の種類について「シロップ、粉薬、カプセル、錠剤」以外の種類を知りたいです。

② **くすりをのむときの飲み物は？**
　・薬をスポーツドリンクでのんではダメですか？
　・薬を熱いお湯でのんではダメですか？
　・薬をお茶、ウーロン茶、紅茶でのむとどうなるのか知りたい。
　・薬をコーラでのむとどうなるのか知りたい。

- 薬をコーヒーでのむとどうなるのか知りたい。
- 薬をのんだ後、どれくらい時間がたったらジュースを飲んでいいですか？

③ **副作用はなぜ起こる？・どんな副作用がある？**
- かぜ薬のどんな成分が病気を治し、副作用を起こすのか知りたい。
- なぜ薬には副作用があるのですか？また、副作用を避けることはできないのですか？
- 主作用だけでいいのになぜ副作用も起きるのですか？副作用のない薬はありますか？
- 副作用にはどんな種類がありますか？かぜ薬の副作用にはどのようなものがありますか？
- 薬の副作用で死ぬことはあるのですか？
- 副作用が起きたらどうすればよいのですか？
- 薬は腸まで運ばれてそれから肝臓に行き、血液に入って全身に運ばれることを教えてもらいましたが、なぜ、「頭が痛い」のならその部分だけに薬を運ばないのですか？また、目的の病原菌だけにくっつくような薬があれば、副作用も小さくなるのではないかと思います。

④ **くすりの効き方、効き目**
- 薬をのんでから何分ぐらいで効き目が現れるのか知りたい。
- 外用薬がどうやって効くのか知りたい。
- シップが効く理由を知りたい。
- 鎮痛剤はのみすぎると効かなくなるのですか？
- お尻から薬を入れた時に、どうやって薬の成分が脳や心臓に運ばれるのですか？

⑤ **くすりはどうやって作られる？**
- カプセルのまわりは何でできていますか？カプセルの皮は食べられますか？
- 薬の原料は何ですか？
- もっと早く効く薬は作られますか？
- 病気に効く薬の成分などはどうやって発見するのですか？

- 薬がどうやって作られているのか知りたい。
- 薬の量などはどうやって決められているのですか？
- 昔は薬をどうやって作っていたのか知りたい。
- 薬はどんな薬草からできていますか？
- 臨床試験は何歳くらいの人に対して、どうやってするのか知りたい。
- 1つの薬ができあがるまでに、どのくらい時間がかかっているか知りたい。

⑥ **くすりをのむ時間・回数・量は？**
- 同じ時間にのむ薬を同じタイミングでのんでいいのですか？
- 薬をのむときはどれくらい間隔をあけたらいいのですか？
- 食事から2時間後にのむ薬で、食事から30分後におやつを食べてしまった場合は、それから2時間後にのむといいのですか？
- 薬はなぜ決まった時間にのまないといけないのか知りたい。

⑦ **その他**
- 自然治癒力はどうしたら強くなりますか？
- 何歳から薬を自分の考えでのめるのですか？
- 一般用医薬品は他の人にあげてもいいのですか？
- 薬を調剤する時はどのような感じで行うのですか？
- なぜ「カプセル」、「錠剤」という名前がついたのか知りたい。
- 甘い薬がありますが、どうしてですか？
- 世界初の薬（ちゃんと病気が治るもの）はどんなものですか？
- 薬が効かない病気もありますか？
- 外国の薬と日本の薬ではどのようなところが違いますか？
- 薬の効かないウイルスなどがよくテレビで紹介されています。その時はどうするのですか？
- なぜ同じ効果の薬でも病院の薬局によって少し名前が違うのですか？
- 手術などで使うものも薬というのですか。麻酔も薬の一部ですか？
- 目薬など冷蔵庫に保存するものがありますが、長い間冷蔵庫で放置してもいいのですか？
- 病院でもらった1週間のまないといけない薬で、3日で治ったら残った薬

はどうするのですか？
・大人用の薬、子ども用の薬がありますが、大人も子どもも飲める薬もあります。その違いは何ですか？
・アレルギーがある人はどんな薬を使うのですか？
・何歳までは何粒という表示は、どのように決められているのか知りたい。

2　保護者

保護者のくすりに対する意識

図表3〜5は、保護者に対して行ったくすりに対するアンケート結果です。保護者では、子どものくすりの服用を確認する意識がきわめて高いにもかかわらず、自分自身のくすりの服用については正しい知識と理解のもとに行われていないようです。

調査期間：平成21年8月
調査対象：全国の小中学生の保護者600名
　　　　　（34歳以下、35〜39歳、40〜44歳、45歳以上：男女各75名）
調査方法：インターネット調査

子どものくすりの服用を確認している保護者は92.7％と大部分を占めました。それでは、どのように確認しているのかを尋ねたところ、「子どもにくすりを渡し、服用するのを見ている」（28.8％）、「子どもと一緒に用法・用量を確認し、服用するのを見ている」（23.4％）、「くすりを服用するように言う」（16.5％）と続き、子どもが服用するまでを見ている保護者が比較的多いことが分かりました**（図表3）**。

◇ 子どものくすりの服用を確認する保護者は92.7%

問：あなたは、お子さんのくすりの服用を確認するようにしていますか（n=600）。

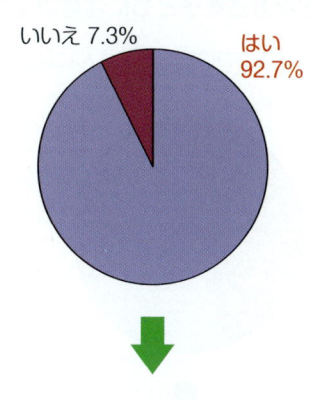

いいえ 7.3%
はい 92.7%

問：「はい」と回答した方に伺います。どのようにお子さんのくすりの服用の確認をしていますか。最もあてはまるものを選択してください（n=556）。

- その他 1.4%
- くすりを服用するように言う 16.5%
- 子どもにくすりを渡して、服用させる 16.4%
- 子どもにくすりを渡し、服用するのを見ている 28.8%
- 子どもと一緒に用法・用量を確認し、くすりを渡して服用させる 13.5%
- 子どもと一緒に用法・用量を確認し、服用するのを見ている 23.4%

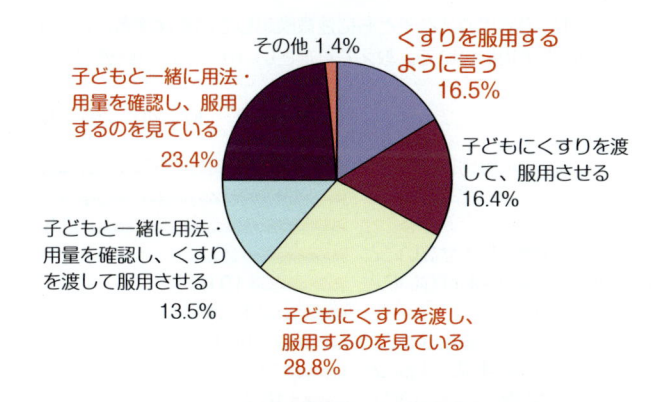

図表3　保護者のくすりに対する意識

　家庭内で、保護者が子どものくすりの服用方法について注意している割合は、56.0％と半数以上に達しました。注意している内容としては、「1人で勝手に服用しないこと」が62.5％と最も多く、「用量を守ること」（56.0％）、「服用時間を守ること」（50.3％）が後に続きました。
　一方、用量や服用時間に比べて、「服用期間を守ること」を注意する割合は17.3％と低く、医療用医薬品の服用を途中で止めた保護者が多いことと関連

するのではないかと考えられます（図表4）。

◇ 家庭内で、くすりの服用方法を子どもに注意喚起している保護者は56.0%

問：ご家庭で、くすりの服用方法について、お子さんに注意していることはありますか（n＝600）。

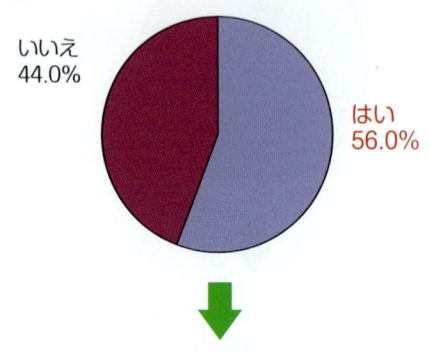

いいえ 44.0%
はい 56.0%

問：ご家庭で、くすりの服用方法を子どもに注意喚起している保護者に伺います。お子さんへの注意事項について、教えてください（n＝336、複数回答可）。

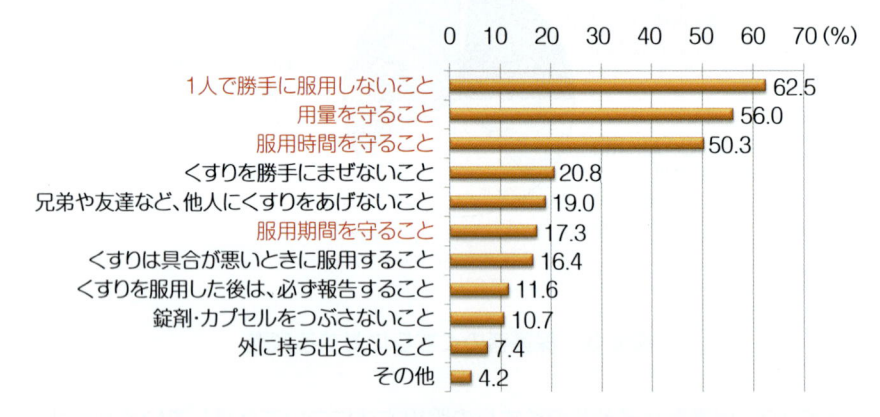

項目	%
1人で勝手に服用しないこと	62.5
用量を守ること	56.0
服用時間を守ること	50.3
くすりを勝手にまぜないこと	20.8
兄弟や友達など、他人にくすりをあげないこと	19.0
服用期間を守ること	17.3
くすりは具合が悪いときに服用すること	16.4
くすりを服用した後は、必ず報告すること	11.6
錠剤・カプセルをつぶさないこと	10.7
外に持ち出さないこと	7.4
その他	4.2

図表4　子どもがくすりを服用する際に注意していること

保護者自身に対し、くすりの服用方法について聞いてみると、水・ぬるま湯以外でくすりを服用することが「よくある」が27.0%で、「時々ある」（39.8%）を合わせると66.8%という結果となりました。そのうち、水・ぬるま湯以外の飲み物として最も多かったのは日本茶（52.1%）で、次いでスポーツドリ

ンク（29.7％）、コーヒー（16.7％）、紅茶（10.0％）と続きました**（図表５）**。

◇　**水・ぬるま湯以外でくすりを服用する割合は66.8％**

問：あなたは、水・ぬるま湯以外で、くすりを服用することはありますか（n=600）。

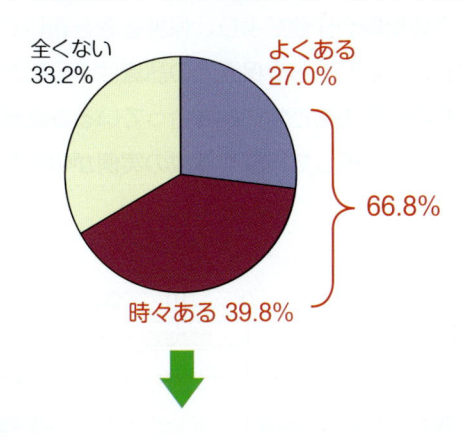

- 全くない　33.2％
- よくある　27.0％
- 時々ある　39.8％
- 66.8％

問：「よくある／時々ある」と回答した方に伺います。水・ぬるま湯以外の何でくすりを服用しますか（n=401）。

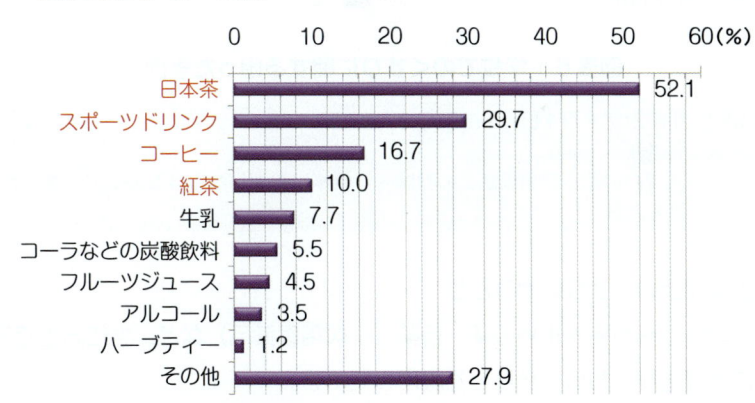

飲み物	％
日本茶	52.1
スポーツドリンク	29.7
コーヒー	16.7
紅茶	10.0
牛乳	7.7
コーラなどの炭酸飲料	5.5
フルーツジュース	4.5
アルコール	3.5
ハーブティー	1.2
その他	27.9

図表５　水・ぬるま湯以外でのくすりの服用率と服用する飲み物

3 養護教諭・保健体育教諭

(1) くすりに関する困った経験・指導事例集

養護教諭は、学校で子どもや子どもを通じて保護者のくすりの使用実態を目の当たりにし、全体指導や保健だより、保護者会を通じて日常的に指導を行っています。しかし、子どもたちや保護者の認識は十分に改善されていません。

学校でのくすりの使用実態と常に向き合っている養護教諭へ調査を行うことにより、くすりに関する困った経験や事故の実例が明らかとなりました(**図表6**)。

	(人)
① 生徒同士のくすりのやりとり	51
② 保護者の間違った知識と、子どもへの指示	44
③ 安易にくすりに頼る子どもたちの意識	40
④ 子どもたちのくすりの使用に関する自己判断	14
⑤ くすりの過剰服用	12

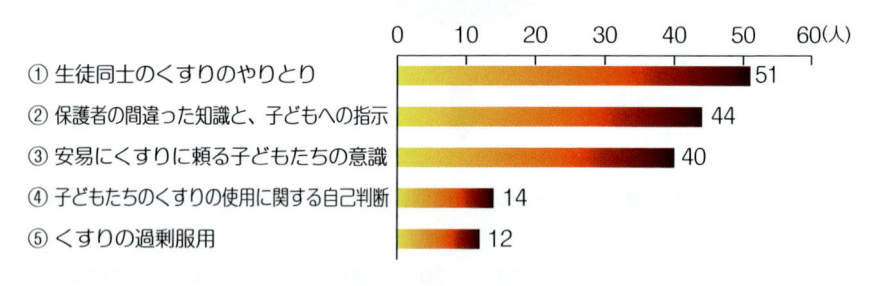

図表6　学校でのくすりに関する困った事例

調査期間：平成21年4月1日～平成23年3月31日
調査対象：養護教諭270名
調査方法：くすりの適正使用協議会の教師向け研修に参加した養護教諭にアンケート調査を実施

① **生徒同士のくすりのやりとり**
・車酔いの薬や痛み止めの薬、目薬(一般用医薬品)など、生徒同士で気軽にあげたり、もらったりして服用している。
・兄弟の一方に出された病院の薬を、もう一方がのんでいることがあった。
・生徒同士で痛み止めの薬を分け合っている。
・友達同士で家族の精神安定剤を軽い気持ちで服用し、意識がなくなった。
・事前指導をしていたにもかかわらず、宿泊行事の際、自分の持ってきた薬をよく似た症状だからと勝手に判断し、友達にあげたところ服用してし

まった。

② **保護者の間違った知識と、子どもへの指示**
- 児童が保護者の指示で間違った服用をしていた。
- 子どもが学校に持ってきたかぜ薬が、実は保護者が病院から処方された薬であった。保護者の薬に関する知識不足にゾッとした。
- 大人用の薬、例えば解熱鎮痛剤を、保護者の判断で子どもに半分のませていた。
- 中学生女子で生理痛がひどいのに、保護者から薬をのまない方がいいと言われ、毎回激痛を我慢している。
- 宿泊研修の際、生徒が保護者と一緒に準備した薬（鎮痛剤）が、15歳未満では服用できない薬だった（保護者と一緒に準備しても使用方法を確認していない）。

③ **安易にくすりに頼る子どもたちの意識**
- 簡単に薬局で薬を求めて、安易に服用する傾向がある。薬には副作用があるということを指導。
- 生徒（高校生）の中には、睡眠導入薬を簡単に使う傾向がみられる。
- 頭痛・腹痛ですぐに薬をのむ傾向がある（しかも以前に病院からもらった薬の残りであったりする）。また、一般用医薬品を簡単に服用している。
- 「何か知らないけどのむように言われたからのんだ」など、自分がのんだ薬について知らない、薬に無頓着な傾向がある。
- 頭痛薬や生理痛の痛み止めを、時間の間隔をあけずにのむなど、薬に対する危機感が薄い。
- たいしたことのないケガで、湿布薬や絆創膏を求める子どもが多い。自然治癒力や主作用・副作用について話をするが、家庭ですぐに薬を使用する習慣が身についているようで、貼らないと安心できないようだ。
- 湿布は薬という認識がない教師や子どもが多い。

④ **子どもたちのくすりの使用に関する自己判断**
- 喘息の薬のカプセルを外してのんだり、用量を守らずのんでいる。
- 家族に処方された解熱鎮痛剤を自己判断で服用し、体調が悪くなった。

- 自己判断で、かなり多くの種類の一般用医薬品をのんでいる生徒がいる。

⑤ **くすりの過剰服用**
- 定期服用する内用剤をのまずに貯めておき、まとめて定量以上のんだ。
- 解熱鎮痛剤をまとめて10錠以上服用して気分が悪くなった生徒や、睡眠薬・精神安定剤を多量服用した生徒の応急手当に困った。
- 胃腸薬を服用しすぎて便秘になる生徒がいた。
- 修学旅行中に生理痛になり、市販の痛み止めをのんだが痛みが止まらなかったため、時間をあけずに続けて1箱のんだ。
- 薬を多くのめば早く治ると本気で思っていたようで、一般用医薬品で1日分の量（9錠）を一度にのんで登校した生徒がいた。高校生だからその程度は知っているだろうとの安易な考えを反省した。

⑥ **その他**
- 最近、外用剤の湿布剤でかぶれてしまう子どもが多い。
- 整腸剤をお菓子のように噛んでいた。
- 薬をジュースでのんでいることがある。
- 水なしで薬をのめると自慢されたことがある（自慢なので改めようとしない）。
- 精神安定剤を鼻から吸って使用していた。インターネット等で調べたようだ。

（2）養護教諭・保健体育教諭が知りたいくすりの疑問と回答の一例

　養護教諭や保健体育教諭自身も、くすりについて疑問があります。

　くすりの適正使用協議会では平成19年から、各地の要望に応じて教師向けの研修を行っており、教師が子どもたちからよく質問される素朴な疑問をはじめ、多くのくすりに関する疑問が寄せられています。ここでは代表的な疑問と回答の一例を紹介します。

※あくまで回答の一例であり、対象者に合わせて内容をアレンジする必要があります。なお、下線部は回答のポイントです。

> **Q1**　くすりを水でのむ大切さは分かりましたが、水がない場合は麦茶などほかの飲み物でもよいのでしょうか？また、水でのんでもその後ジュースやお茶を飲んだら胃の中で混ざってしまうのではないですか？

（回答例）
- 麦茶はほかの飲みものと比べてタンニンの量が少なく、またカフェインも含まれていないので、麦茶でのんでも特に問題はありません。
- ただし、牛乳やコーヒーなど、くすりとののみ合わせや食べ合わせで、効き目が強くなったり、弱くなったりすることがありますので、基本的には水、またはぬるま湯でのんでください。
- 特に注意が必要な場合は、医師や薬剤師から注意があります。自分でもくすりを受け取るときに確認することが必要です。
- くすりを水でのんだ後、すぐにほかの飲み物を飲むと混ざることがあるので、少し時間（30分程度）をおいてから飲むようにしてください。

> **Q2**　くすりをのむ時間の「食後」や「コップ1杯の水」は、どのくらい厳密に守らなければなりませんか？

（回答例）
- くすりの用法・用量として「食後」とありますが、これは食後およそ30

分（以内）でのむことを指示しています。食事を終えて30分を過ぎたころになると、胃の中の食べ物も少なくなり、くすりは食べ物の影響を受けにくくなると同時に、空腹時より胃への刺激が少ない状態になります。また、食事と関連づけることでのみ忘れを防ぐ目的があります。多くの薬は食後にのみます。
・「食前」とは、食事のおよそ30分前のことです。
・時間が多少ずれてものみ忘れないことが大切です。
・くすりは、「コップ1杯程度（約200ml）の水かぬるま湯」でのむように設計されています（図表7）。

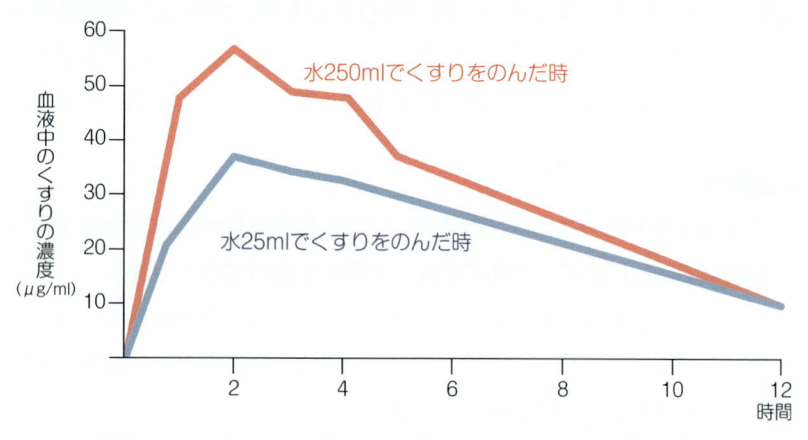

図表7　くすりをのむ時の水の量と、くすりの血中濃度[*9]

・実践編で紹介した実験のように、錠剤やカプセル剤を水なしでのむと、食道に貼りつくことがあり、その場で溶け出して潰瘍を起こす場合がありますし、粉薬は気管から肺に入って、肺に炎症を起こす可能性があります。
・くすりを水なしでのむと溶けにくいため、くすりが血液中に入るのが遅れ、血中濃度が上がらず効果が現れにくくなる場合や、溶けずにそのまま排泄されることもあります。
・くすりが効果を十分に発揮するには、くすりが溶けて吸収される必要があるため、コップ1杯程度の水かぬるま湯でのみましょう。

・水なしでのめる口腔内崩壊錠もあります。医師や薬剤師の指導にしたがって使用してください。

> **Q3** 体に入ったくすりは、どのように効き、どのように排泄されるのですか？

(回答例)
・一般的に、くすりは胃や小腸で溶け、血液の中に入り、肝臓を経由する際に一度代謝を受け、残りのくすりが心臓のポンプ作用で全身を巡ります。そのうち、患部に届いたくすりが効果を発揮します。
・体内を巡るうちに、何度も肝臓を通過したくすりが代謝され、くすりとしての働きを失い、<u>腎臓でろ過されて大部分（水に溶けるくすり）が尿として排泄されます</u>（脂に溶けるくすりは便として排泄）。
・肝臓の機能が下がると、くすりの代謝量が減って通常より多くのくすりが血液中を流れることから、効き目が強く出過ぎたり、副作用を生じやすくなります。また、腎臓の機能が下がると血液中にくすりが長く残るため、やはり効き目が強く出過ぎたり、副作用を生じやすくなります。
・肝臓で行われる代謝は、個人差や人種差、年齢差があり、また、食事や併用薬、アルコールや喫煙などに影響されます。

> **Q4** 生徒が保護者から、大人の半分の量のかぜ薬を学校でのむように言われて登校してきましたが、よいのでしょうか？

(回答例)
・<u>薬を安易に服用させることは危険です。</u>
・保護者によっては、使用回数や使用時間、使用量について、安易に子どもに指示することもあります。
・必要に応じて、薬とともに薬の説明書を持参するよう、保護者に依頼してみてはいかがでしょうか。

- 一般用医薬品の中には、15歳以上は大人の量、子ども（7～10才）は大人の半分量を指示している薬もみられます。

> **Q5** くすりの説明書（添付文書）にはさまざまな情報が書かれていますが、必ず読まなければならない所はどこでしょうか？また注意するポイントは何ですか？

(回答例)
- <u>くすりの説明書は大切な情報から順に記載されています。</u>
- 表面に記載されている「使用上の注意」の項の「してはいけないこと」には、副作用が起こりやすい体質の人（アレルギーや喘息を起こしたことのある人等）や、ほかの薬（ほかの疾患で服用中の薬）をのんでいる人に向けた注意事項が記載されているので、必ず確認してください。
- 「相談すること」の項では、妊娠中など、薬をのむ人の状態や、使用してから出るかもしれない副作用症状が記載されているので、確認が必要です。
- 裏面には、「用法・用量」（その薬の使用回数、使用時間、使用量）が記載されています。確認のうえ正しく使わないと、効かないばかりか副作用が出ることがあるので注意しましょう。
- 一般用医薬品の場合、一定期間のんでも効果がない場合は、他の疾患が疑われるので、医師、薬剤師と相談するよう服用期間が決められています。

> **Q6** 例えば鎮痛剤など、最近は医療用医薬品と一般用医薬品の両方で同じ名前の薬がありますが、どう違うのでしょうか？

(回答例)
- 病院等で使われている医療用医薬品の中で、有効性と同時に安全性などの要件を満たし、厚生労働省で承認されて薬局等でも購入できる一般用医薬品となったものを「スイッチOTC薬」といい、副作用が少なく、安全に服用できるものが認められます。

- 同じ名前の鎮痛剤で、医療用医薬品と一般用医薬品（スイッチOTC薬）がある場合、成分は同じものですが、大きな違いは服用する期間と量です。
- 例えばある鎮痛剤（例：ロキソプロフェンナトリウム）では、医療用医薬品と一般用医薬品の有効成分の含量は同じですが、一般用医薬品では、より安全性を重視し、1日の使用回数が医療用医薬品の3回に比べ、2回となっています。また、有効成分が医療用医薬品に比べ、一般用医薬品では半量のものもあります。
- スイッチOTC薬は第1類医薬品に位置付けられ、購入の際には、薬剤師から文書による情報提供を受けることが義務付けられています。

Q7 「サプリメント」と「医薬品」はどう違いますか？

(回答例)

- 「サプリメント」は、不足しがちな栄養素を補い、健康の保持増進に資するとされているもので、「健康食品」、「栄養補助食品」とも呼ばれています。ただし「健康食品」には法律上の定義はなく、あくまで「食品」として販売・利用されています。

「健康食品」のうち、国の定めた規格や基準を満たした食品には「保健機能食品」と称することを認める保健機能食品制度が1991年に定められています。

保健機能食品には、保健の効果（例えば、「歯の健康維持に役立つ」、「体脂肪がつきにくい」など）に関与する成分（保健機能成分）について国に科学的根拠を示し、個々の製品ごとに消費者庁長官の許可を受けることで、保健の効果の表示が認められる「特定保健用食品（トクホ）」と、医学的・栄養学的にも広く認められた栄養成分であって、国が定めた規格基準に適合していれば、その栄養成分の機能の表示ができる「栄養機能食品」があります。なお、これら特定保健用食品と栄養機能食品は、「食品」のカテゴリーには含まれますが、保健機能食品として一般食品（いわゆる「健康食品」）とは区別されています。

・「医薬品」は、疾病の治療や予防などに使うものであり、薬事法で定められる厳しい試験によって効き目と安全性が確認されているので、効能・効果を示すことができます。また、「医薬品」は人体への影響が強いため、医療用医薬品では医師の処方、一般用医薬品でも薬剤師などの専門家の指導が必要なものがあります。

4　学校薬剤師

くすり教育に関する薬剤師の疑問

　教師からはくすりの使い方に対する疑問が多い一方で、薬剤師からは学校側とのやり取りに関する疑問が多い傾向にあります。

　ここでは、くすりの適正使用協議会が前述の研修を行った際に寄せられた学校薬剤師からの代表的な質問と回答の一例を紹介します。

※ここに掲載した質問と回答は、中学校学習指導要領が改訂される前に作成したものです。

> **Q1**　今は水なしでものめるくすりが出ているので、「のみ薬はコップ1杯の水で…」と言い切ってしまうのは難しいと思います。

（回答例）
- くすりを「コップ1杯の水でのむ」という原則に変わりはありません。たしかに「水なしでのめるくすり」も多くなってきましたが、これは「水がなくてものめる」という意味です。

> **Q2**　子どもたちの前で話すのは苦手です。

（回答例）
- 薬剤師によるサポートは、授業で話すことだけではありません。
- 学校側の要望を確認し、くすりの専門家として授業内容のアドバイスや、教材や教具の紹介、空のカプセルや一般用医薬品の外箱の提供など、できることから実施してみてください。

Q3　くすり教育について、学校側の誰に、どのように提案すればよいでしょうか？

(回答例)
- まずは学校側の窓口として、コーディネーターの役割も担っている養護教諭とコンタクトを取ってみてはいかがでしょうか。
- 養護教諭は日ごろから、保健指導などを通じて子どもたちのくすりの使用実態や悩みを把握できる立場にあり、さらに保健体育教諭や学級担任とのコンタクトもあります。
- 養護教諭の「コーディネーター」としての役割は、中央教育審議会の答申[*7]にもうたわれています。

Q4　小学校の保健指導でくすり教育を行いたいのですが、学校側にどう提案したらよいでしょうか？また指導内容についてはどうでしょうか？

(回答例)
- くすり教育は、幼いころから体系的に学ぶことが大切です。
- 実態編でも紹介したように、小学生の2割弱が学校にくすりを持ってきていることをはじめ、宿泊学習などにおいて友達同士でのくすりのやり取りが問題となった事例など、現状を考えると最低限の「くすりの正しいのみ方とルール」は、小学校でも学んでおきたい事項です。
- 担当校での現状を把握するため、まずはアンケートの実施を提案してみてはいかがでしょうか。

【教材・資料編】
くすり教育の教材・資料

教材・資料編では、模型やパワーポイント教材など、くすり教育の教材を紹介します。これらの教材はくすりの適正使用協議会から貸し出ししたり、「くすり教育担当者のための教材サイト」（http://www.rad-are.com）で提供しています。

1　模型・マグネパネル
　① 大型カプセル模型
　② 大型錠剤模型
　③ 小型人体模型
　④ マグネパネル「薬の運ばれ方」
　⑤ マグネパネル「薬の血中濃度」

2　電子教材
　① パワーポイント教材（小学生用）
　② パワーポイント教材（中学生用）
　③ 動画
　④ 事前・事後アンケート

3　教材の入手・貸出
　① 教材貸出
　② ホームページ「くすり教育担当者のための教材サイト」

1 模型・マグネパネル（貸し出し教材）

① 大型カプセル模型

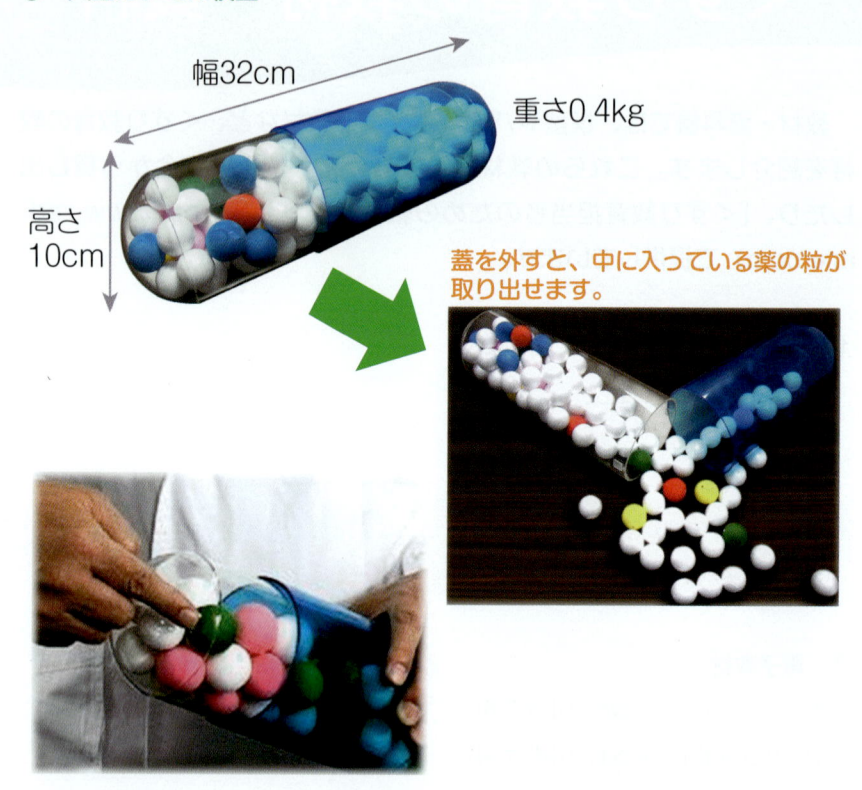

幅32cm
高さ10cm
重さ0.4kg

蓋を外すと、中に入っている薬の粒が取り出せます。

どんなもの？
カプセル剤の工夫を説明する教材です。
中の粒の色が違うので、熱・痛みに効いたり、効き方の速度が異なるなど、それぞれ工夫されていることを説明できます。
小・中・高で幅広く活用できます。

② 大型錠剤模型

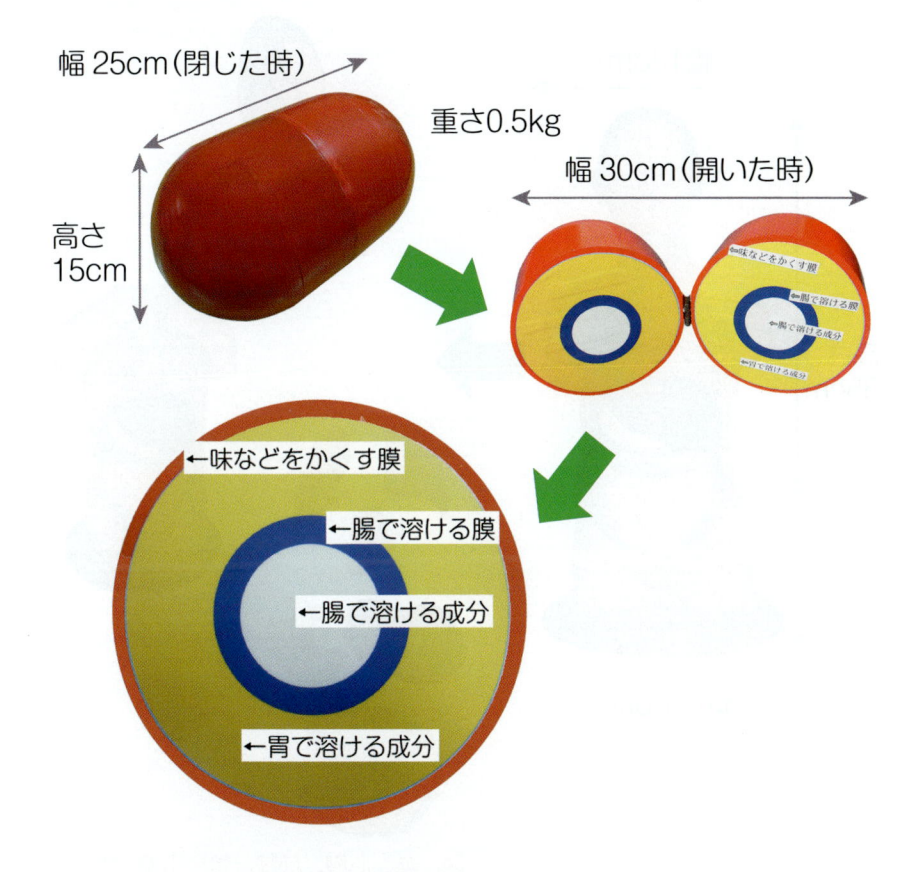

幅25cm（閉じた時）
重さ0.5kg
高さ15cm
幅30cm（開いた時）

←味などをかくす膜
←腸で溶ける膜
←腸で溶ける成分
←胃で溶ける成分

どんなもの？
錠剤の工夫を説明する教材です。
錠剤の中身はすべて均一とは限りません。薬の中が層になっていて、胃で溶けたり腸で解けたり、長く効くよう工夫されているものもあります。
だから錠剤も、早く効くと思って噛み砕いては駄目だということが説明できます。
小・中・高で幅広く活用できます。

③ 小型人体模型

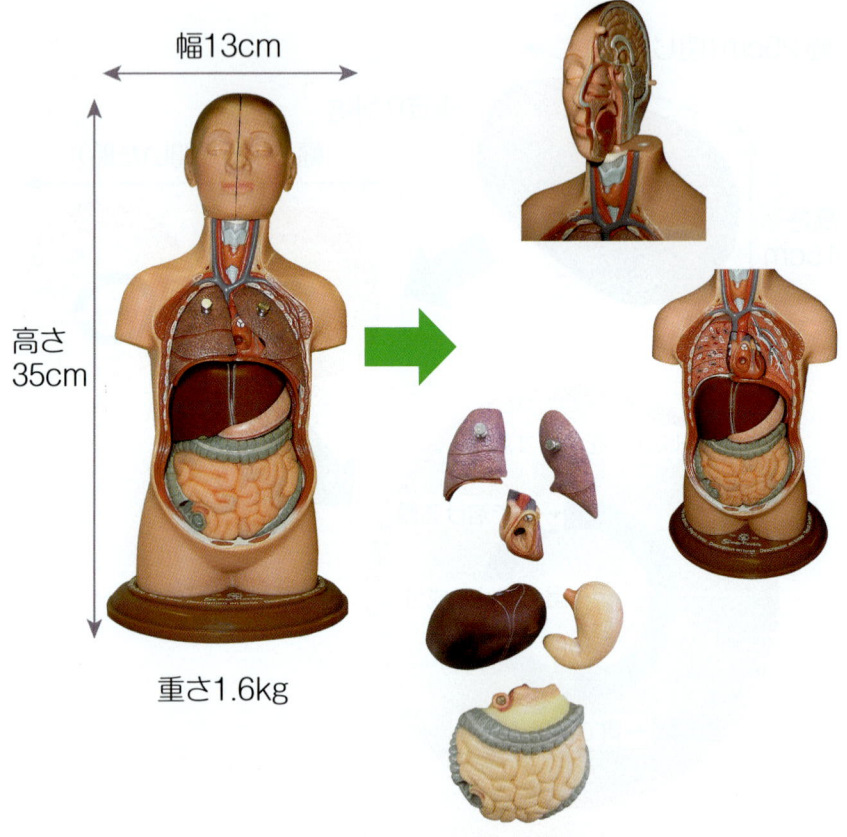

幅13cm
高さ35cm
重さ1.6kg

頭、肺、心臓、肝臓、胃、小腸・大腸を取り外せます。

> **どんなもの？**
> 小型の人体模型で、薬の運ばれ方を説明できる教材です。
> 内臓を取り外せるので、臓器の名前や場所を復習しながら説明するのに便利です。
> 少人数での指導に向いています。

④ マグネパネル「薬の運ばれ方」

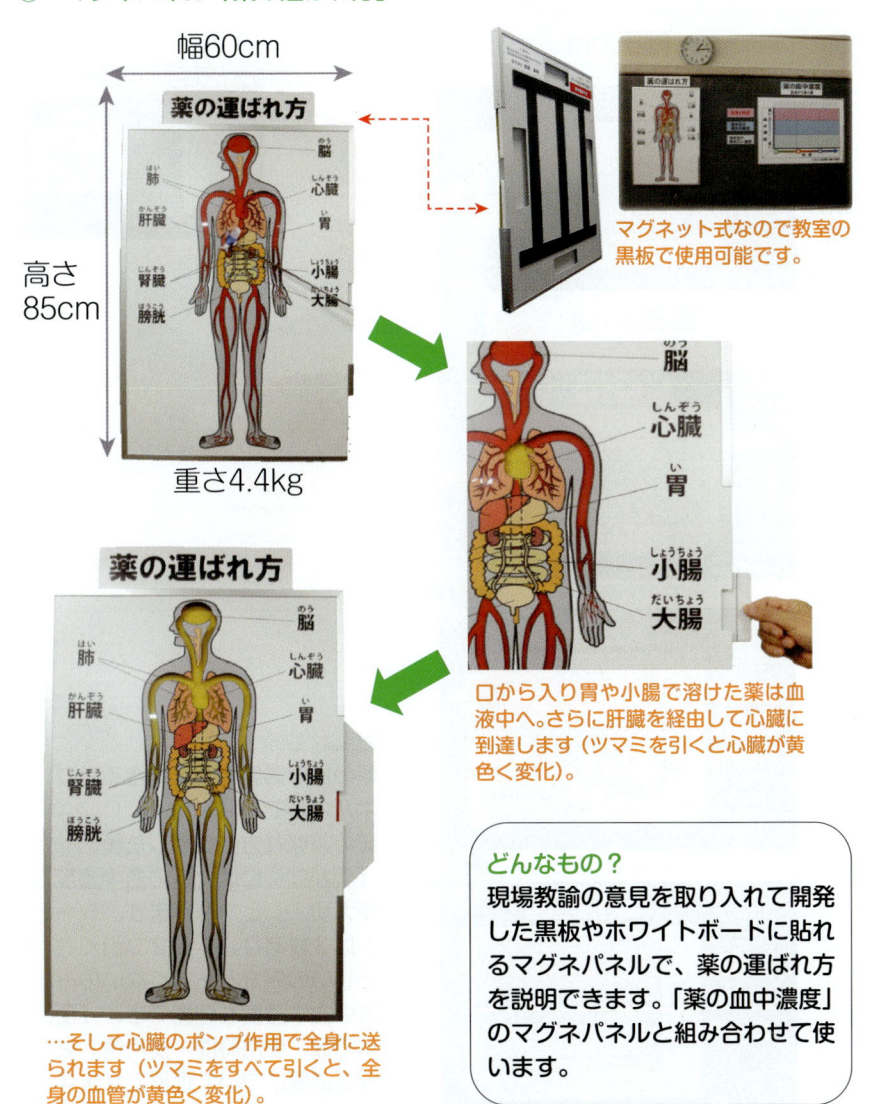

幅60cm
高さ85cm
重さ4.4kg

薬の運ばれ方

マグネット式なので教室の黒板で使用可能です。

口から入り胃や小腸で溶けた薬は血液中へ。さらに肝臓を経由して心臓に到達します（ツマミを引くと心臓が黄色く変化）。

…そして心臓のポンプ作用で全身に送られます（ツマミをすべて引くと、全身の血管が黄色く変化）。

どんなもの？
現場教諭の意見を取り入れて開発した黒板やホワイトボードに貼れるマグネパネルで、薬の運ばれ方を説明できます。「薬の血中濃度」のマグネパネルと組み合わせて使います。

監修：兵庫教育大学大学院 教授 鬼頭 英明先生

教材・資料編

⑤ マグネパネル「薬の血中濃度」

幅85cm
高さ60cm
重さ2.4kg

1シート目

1シート目を引くと、1日3回のむ薬で、決まり通りにのんだ時の血中濃度が示されます。

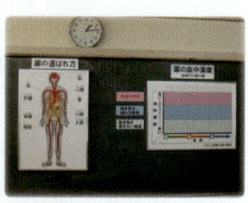

この教材もマグネット式です。

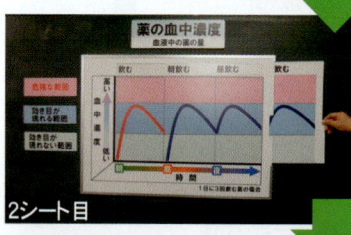

2シート目

2シート目を引くと、昼の薬をのまなかった時、そして夜に2回分をのんだ時の血中濃度が示されます。薬の血中濃度のグラフは、中学校の学習指導要領に準じた教科書でも扱われています。

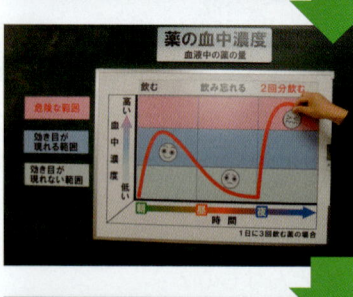

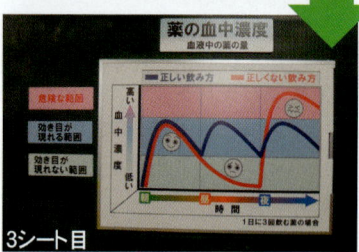

3シート目

どんなもの？

薬の血中濃度を説明できるマグネパネルです。
薬の運ばれ方を説明した後、「薬が効くには、薬の血中濃度が大切！」とつなげます。シートは3枚あり、1枚ずつ引くと、正しいのみ方と正しくないのみ方の血中濃度を確認でき、「使用回数・使用時間・使用量」を守る必要について理解できます。

監修：兵庫教育大学大学院 教授 鬼頭 英明先生

2　電子教材（Webサイトからダウンロード可能）

①　パワーポイント教材（小学生用）

どんなもの？
- 2種類を学年に合わせて選択可
  ①　ルビ有り（5年生まで）
  ②　ルビ無し（6年生）
- 全120枚に「説明例」付
- 監修
  　前日本学校薬剤師会会長
  　　　　　　　　　　　田中俊昭先生
  　東京薬科大学教授　加藤哲太先生

スライド内容
- A　くすりの正しい使い方 …………… 7枚
- B　くすりの効き方 ………………… 9枚
- C　くすりの種類と形 ……………… 13枚
- D　くすりを飲むときの注意 ……… 32枚
- E　くすりの副作用 ………………… 10枚
- F　体とこころを健康に保ちましょう …… 4枚
- G　くすりの相互作用 ……………… 3枚
- H　くすりの保管 …………………… 5枚
- I　くすりの用い方 ………………… 4枚
- J　くすりができるまで …………… 4枚
- K　かかりつけ薬局とおくすり手帳 …… 6枚
- L　学校薬剤師紹介 ………………… 7枚
- M　ピクトグラムについて ………… 7枚
- N　オリジナルファイルの作り方（先生用）

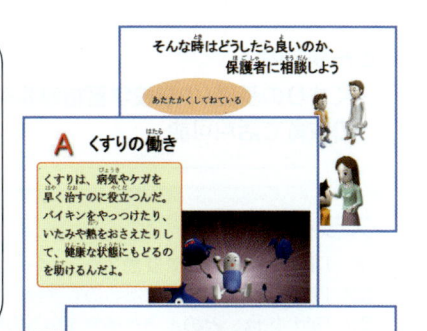

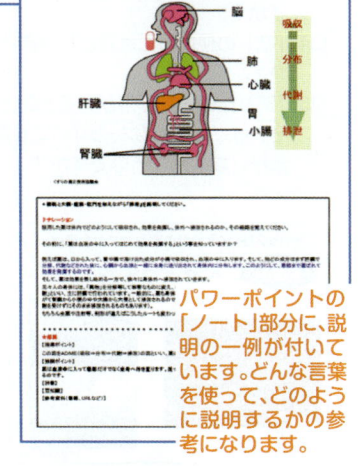

パワーポイントの「ノート」部分に、説明の一例が付いています。どんな言葉を使って、どのように説明するかの参考になります。

登場キャラクター

② パワーポイント教材（中学生用）

どんなもの？
・くすりの基礎（中学校学習指導要領）の教育で活用可能

スライド内容
Q1 「薬」とは何なのですか？
Q2 「薬」は、何のためにあるのですか？
Q3 「薬」には、どのような種類があるのですか？
Q4 「薬」の使い方には決まりがあるのですか？
Q5 「薬」には、副作用があると聞きますが、それはどのようなものなのですか？また、なぜ起こるのですか？

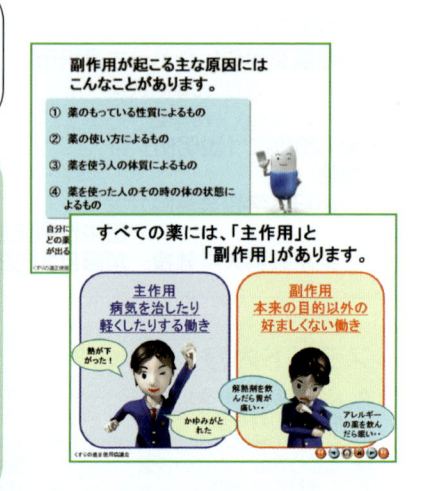

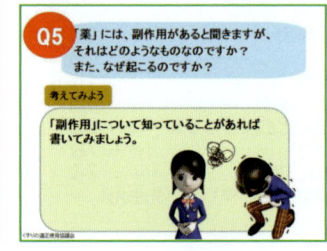

生徒のキャラクターが登場！教科書の内容に沿って抜き出したり、実験を組み込むなど、自由に編集できます。

登場キャラクター

③ 動画

薬の体内動態（内用剤）
（所要時間20秒）

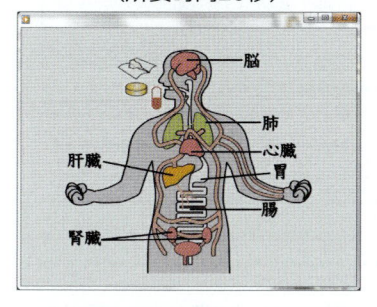

薬の体内動態（注射剤）
（所要時間25秒）

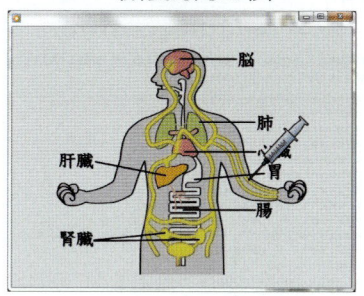

どんなもの？
内用剤と注射剤の、薬の運ばれ方の動画です。
模型を使えない時には、動画の活用が効果的です。2つの動画を用いることで、内用剤と注射剤との比較もできます。

おくすりクイズ
（所要時間14分）

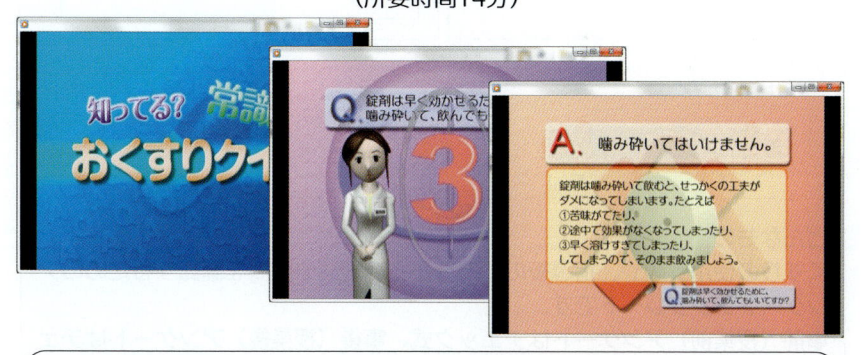

どんなもの？
指導する際に、導入として使うこともできるクイズの動画です。
ナレーション付で、パワーポイント教材のキャラクター「薬剤師さん」、「お兄ちゃん」、「妹」、「カプセル君」、「錠剤ちゃん」も登場します。
必要な部分だけ再生するなどして活用ください。

④ 事前・事後アンケート

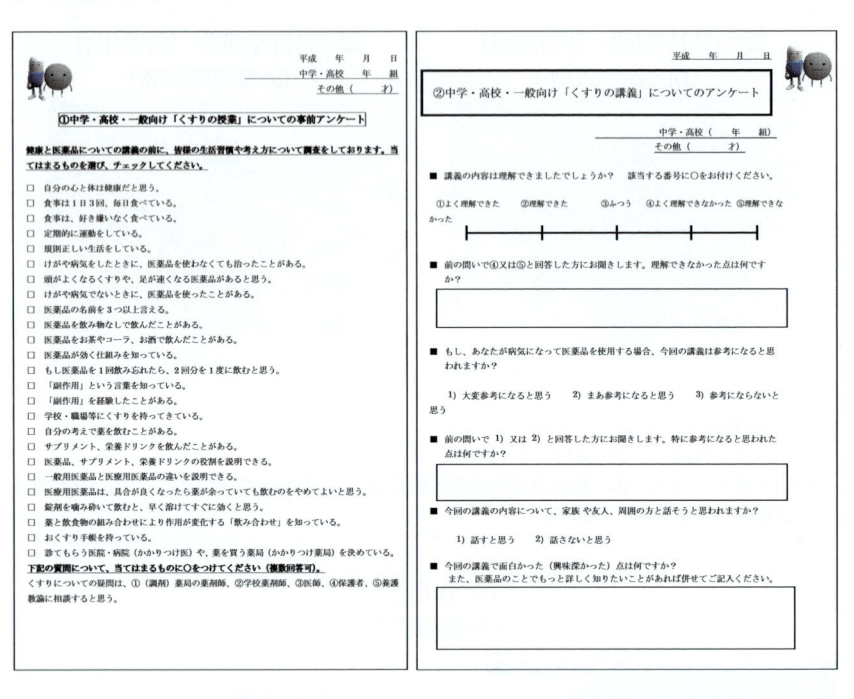

どんなもの？
くすりの使用実態や、指導後の子どもたちの理解や疑問を確認するためのアンケートテンプレートです。
事前（授業前）アンケートはチェック式、事後（授業後）アンケートはチェック式＋自由回答式です。
実態編で紹介したような、子どもたちのくすりの使用実態を担当学校に提案して把握したり、本書に掲載の全国データと比較することができます。
アンケート内容は自由に変更可能です。小学生版もあります。

3 教材の入手・貸出

① 教材貸出

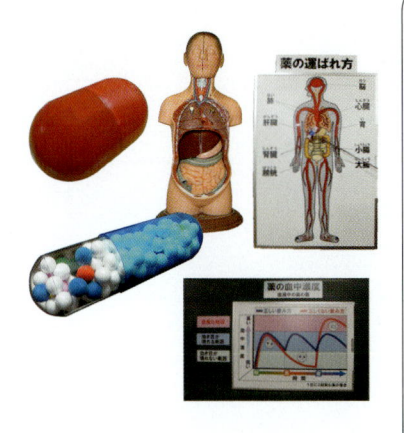

どんなサービス?
・大型錠剤模型、大型カプセル模型、小型人体模型、マグネパネル「薬の運ばれ方」、「薬の血中濃度」を貸し出ししています。
・本体の貸し出しは無料ですが、往復の送料をご負担下さい。
・貸し出しの際には、実態編で紹介したような、子どもたちのくすりの使用実態（事前アンケート）、事後アンケートをお願いしています。
・以下に紹介する、ホームページ「くすり教育担当者のための教材サイト」から申込書をダウンロードのうえ、FAXで申し込んでください。
・通常、授業実施日の1週間前にくすりの適正使用協議会から発送します。

② ホームページ「くすり教育担当者のための教材サイト」

「くすり教育」で検索すると、一番上に表示されます。

掲載コンテンツ
・すべての電子教材（パワーポイント教材、動画、イラスト集、ほか）
・教材貸出申込書
・出前研修申込書
・全国くすり教育MAP

ほか、新しい教材など、
最新情報は「くすり教育担当者のための教材サイト」にアクセスしてください。

http://www.rad-are.com

参考図書・webサイトの紹介

　くすり教育を進めるにあたり、参考になる書籍が多く出されています。さらに詳しく知りたい際の参考にしてください。

- 社団法人日本薬剤師会・日本学校薬剤師会
「医薬品の正しい使用」（小学校版、中・高・一般版）
- 日本製薬工業協会ホームページ
「小中学生のためのくすり情報『くすり研究所』」
(http://www.jpma.or.jp/junior/kusurilabo)
- 日本OTC医薬品協会ホームページ
「教育関係の皆様へ」
(http://www.jsmi.jp)
- くすりの適正使用協議会　薬剤師向け「おくすり相談会資料室」
(http://www.rad-ar.or.jp/02/04_hanashi/04_hanashi.html)

参考・引用文献

*1 Guidelines for the Regulatory Assessment of Medicinal Products for Use in Self-Medication, WHO Geneva（2000年）
*2 一般用医薬品承認審査合理化等検討会中間報告書「セルフメディケーションにおける一般用医薬品のあり方について」（平成14年11月8日）
*3 薬事法の一部を改正する法律（平成18年6月14日法律第69号）
*4 参議院厚生労働委員会「薬事法の一部を改正する法律案に対する附帯決議」（平成18年4月18日）
*5 中央教育審議会「健やかな体を育む教育の在り方に関する専門部会これまでの審議の状況—すべての子どもたちが身に付けているべきミニマムとは？—」（平成17年7月27日）
*6 文部科学省「中学校学習指導要領」（平成20年3月告示）
　　文部科学省「中学校学習指導要領解説」（平成20年7月）
　　文部科学省「高等学校学習指導要領」（平成21年3月告示）
　　文部科学省「高等学校学習指導要領解説」（平成21年7月）
*7 中央教育審議会「子どもの心身の健康を守り、安全・安心を確保するために学校全体としての取組を進めるための方策について（答申）」（平成20年1月17日）
*8 少年写真新聞社「中学保健ニュース」第1431号付録（平成21年5月8日）
*9 日本製薬工業協会編「くすりの情報Q&A55」（平成22年3月）

あとがき

　くすりの適正使用協議会がくすり教育の支援活動を始めて今年で10年になります。振り返れば、この10年は「教育プログラムの模索と教材作成」の時期、「普及」の時期、そしてこの数年の、学習指導要領に沿ったくすり教育「推進」の時期と、3つの時期があったと感じています。

　最初の活動は「教育プログラムの構築」でした。くすり教育に関する欧米の状況を調べたところ、フランスではすでに義務教育として取り入れられ、アメリカでもアメリカ薬局方諮問委員会（USP）がくすりに関する発達段階ごとのカリキュラムを作成しており、その内容には「薬のコスト」も含まれるなど驚かされることの連続でした。

　協議会ではこれらの事例を参考に、全国養護教諭連絡協議会や財団法人日本学校保健会、日本製薬工業協会、社団法人日本薬剤師会などと検討を重ね、日本に適した教育プログラムを考案し、小学生からのくすり教育が必要との意識から、薬学専門家の協力のもと、教材として「パワーポイントスライド」を作成しました。最初のスライドは手描きのイラストでしたが、今は3Dキャラクターへと変わり、皆様にお使いいただいています。

　「普及」の時期に入ると、これまで思ってもみなかった多くの人たちと出会うことになりました。

　学校薬剤師で、すでにくすり教育に取り組まれていた方々からは、先輩として多くの助言をいただきました。逆に、これから積極的に取り組みたいと考えているものの「どうやって子どもたちに話してよいか分からない」と不安を語っておられた学校薬剤師の方もいらっしゃいました。学校関係では、「そもそも薬自体を知らないので教えてほしい」と、薬に関するさまざまな質問を投げかけてくださった養護教諭の方々をはじめ、「『体育の先生』じゃない、私たちは『保健』体育教諭なんだ」と熱く語っておられた方々など、実にさまざまでした。

　学校薬剤師、次いで養護教諭、学習指導要領が公示されてからは保健体育教諭へと働きかけの対象が広がる中、「教育」の世界の難しさも知り、製薬企業で構成される協議会がどこまで関与すべきなのか悩むこともありました。しか

し、こうした多くの出会いによって次なる活動へのヒントも得ることができました。

「推進」の時期は、ある学校薬剤師の先生からいただいた「教材の使い方を実際に来て教えてほしい」という問い合わせから始まりました。「出前研修」と呼ばれ、協議会の主要な取り組みにまで発展することになったこの活動は、教育者からのニーズに応えて全国に赴き、これまで協議会が得たノウハウや情報、教材を紹介するもので、開始してから4年が経ちます。その間、内容を見直し、改善しながら現在まで60回以上、4,000名以上の方々に対して「出前研修」を行ってきました。なお、本書の内容の多くは、この「出前研修」で紹介したものや、得られたものが含まれています。

もし、「くすり教育」にこれまで距離をおいていた方々が、本書によって少しでも取り組んでみようと思っていただけるとすれば、これほど嬉しいことはありません。

最後になりますが、これまでの活動を進める中で大変お世話になりました、薬学及び教育の専門家の方々、現場でくすり教育に取り組んでおられる先生方、活動を一丸となって進めて下さったくすり教育アドバイザー及び協議会啓発委員会の皆さまに心から感謝いたします。

くすりの適正使用協議会

くすりの適正使用協議会とは

　くすりの適正使用協議会は、「医薬品の本来の姿を社会に提示して、医薬品の正しい用い方を促進し、患者さんの治療や、QOLに貢献する」を理念とし、平成元年に、研究開発指向型製薬企業11社により設立されました（平成24年3月現在、会員会社20社、個人会員2名）。

　設立当初より、「医薬品のベネフィットとリスクを科学的、客観的に評価、検証する手法である薬剤疫学の紹介、啓発」および「医薬品の適正使用に資する医療担当者と患者さんのコミュニケーションの促進」を2大事業として活動しています。

　近年では、基本的な医薬品情報を若年者が患者・消費者になる前に獲得することが、将来、医薬品の適正使用に役立つと考え、主として児童・生徒を対象とした「くすり教育」の普及活動を指導者に向けて展開しています。

【会員一覧】（平成24年3月31日現在）

アステラス製薬株式会社	大日本住友製薬株式会社
アストラゼネカ株式会社	武田薬品工業株式会社
エーザイ株式会社	田辺三菱製薬株式会社
MSD株式会社	中外製薬株式会社
大塚製薬株式会社	日本新薬株式会社
キッセイ薬品工業株式会社	ノバルティス ファーマ株式会社
協和発酵キリン株式会社	ノボ ノルディスク ファーマ株式会社
興和株式会社	Meiji Seikaファルマ株式会社
サノフィ・アベンティス株式会社	
塩野義製薬株式会社	大野　善三（医学ジャーナリスト）
第一三共株式会社	三輪　亮寿（弁護士）
大正製薬株式会社	

編集
　　くすりの適正使用協議会　啓発委員会
　　石橋 慶太
　　井本 美紀
　　小田原 昭男
　　河原 敏明
　　河野 有
　　中村 洋子
　　那須 泰治
　　根本 政明
　　大内 良宏（くすり教育アドバイザー）
　　佐藤 実（事務局）
　　米澤 晴子（事務局）

執筆
　　安井 舞（事務局）

協力
　　神田 誠一（事務局）
　　野村 香織（事務局）
　　松田 偉太朗（事務局）

くすり教育のヒント～中学校学習指導要領をふまえて～

2012年 3月31日　第1刷発行
2012年11月15日　第2刷発行

編　　集　くすりの適正使用協議会
　　　　　〒103-0012　東京都中央区日本橋堀留町1-4-2
　　　　　　　　　　　日本橋Nビル8F
　　　　　　　　　　　電話03-3663-8891　http://www.rad-ar.or.jp
　　　　　　　　　　　　　　　　　　　　http://www.rad-are.com
監　　修　社団法人日本薬剤師会・日本学校薬剤師会
制　　作　有限会社レーダー出版センター
発　　行　株式会社薬事日報社　http://www.yakuji.co.jp
　　　　　　［本社］東京都千代田区神田和泉町1番地　電話03-3862-2141
　　　　　　［支社］大阪市中央区道修町2-1-10　　　電話06-6203-4191
印　　刷　昭和情報プロセス株式会社

ISBN978-4-8408-1211-5